与历史相遇 与国宝相逢

主编◎王楚阳

浙江教育出版社·杭州

• 顾　问

杨　斌

• 主　编

王楚阳

• 主要编写人员

林美芳　梁　萍　丁　维　叶玺涵

董婷婷　陈文阅　杨子忻　戴加敏

阮眉纤　金旭君　王心灵　雷玲玲

陈泓伊　叶贤俊　林　丹　金茜茜

张筱筱　方丽敏　徐灵初

前 言

本书由王楚阳名师工作室主持编写的拓展性课程自编教材，是浙江省省级课题“基于美术元素的历史与社会项目式学习探索”的成果之一。作者秉承认识瑰丽国宝，传承古老文明，坚定文化自信的核心理念甄选本书内容。所选主题来自《历史与社会》教科书、《历史与社会图册》中的“瑰丽国宝”，并着重将艺术鉴赏与当时的历史背景和现代的传承发展联系起来，使读者在提高艺术鉴赏能力的同时，加深对中华历史的认识和理解。

在本书的编写过程中，编者从青少年的实际出发，精心选择了“古代工艺美术”“古代书画”“古代雕塑”“古代建筑工程”“古代音乐戏曲”“古代科技”这六个特色鲜明、形式各异的艺术类型，共23项艺术元素为素材。通过讲述艺术元素的前世今生，试着让读者窥见历史的真实，领略中华艺术之风采。

本书融艺术鉴赏与历史知识学习于一体，能够提高青少年的艺术修养，拓宽其历史视野。在编写过程中，编者力求论从史出、史论结合，寓评于述，着重从艺术作品的鉴赏中探究历史发展的前因后果，领悟中华文化的与时俱进与传承发展。

本书适用于对艺术和历史感兴趣的青少年学生，适用于历史与社会及艺术学科的教师，对于广大中华文化爱好者也具有一定的参考价值。

王楚阳名师工作室

目 录

第一章

大而能化 含蓄典雅的古代工艺美术

第二章

出鬼入神 妙到毫巅的古代书画

第三章

繁丽华美　恢宏庄重的古代雕塑

第四章

自成系统　独树一帜的古代建筑工程

第五章

金声玉振　传奇繁荣的古代音乐戏曲

第六章

天人合一　举世瞩目的古代科技

第一章

大而能化

含蓄典雅的古代工艺美术

工艺美术，指工艺品的造型设计和装饰性美术。

猪纹黑陶钵出土于河姆渡遗址，是人类进入新石器时代的标志。良渚文化的玉琮和龙山文化的蛋壳黑陶杯代表了那一时代制造工艺的发展水平，凝聚了原始先民的智慧。而祭祀之器——司母戊鼎则展现了先民的智慧以及那个时代的气度。到了唐代，唐三彩应运而生，揭开了中外陶瓷史上新的一页。北宋的孩儿枕以极简的美学之道，既突出视觉的观赏性，又注重生活的实用性。

中国古代工艺美术大而能化、含蓄典雅，以其悠久的历史、别具一格的风范、高超精湛的技艺和丰富多样的形态，在整个人类的文化创造史上谱写了充满智慧和灵性之光的一章。

一、猪纹黑陶钵——原始生活的标志

猪纹黑陶钵是20世纪70年代考古队对浙江余姚河姆渡遗址进行第二期考古发掘时出土的。该陶钵器形相当完整，俯视呈圆角长方形，斜腹平底；口长21.7厘米，宽17.5厘米；底长17厘米，宽13.5厘米，高11.7厘米。它的面世堪称长江下游新石器时代出土文物中的珍品。

新石器时代的标志

在河姆渡遗址考察过程中，考古队发现了许多黑陶器，如稻穗纹敛口钵、猪纹黑陶钵、黑陶敛口釜等，而猪纹黑陶钵则是河姆渡遗址中出土的现存比较完整的黑陶器的典范，是人类进入新石器时代的标志。它是母系氏族社会最有特色的原始手工业代表，它的出现揭开了原始社会生活的神秘面纱。猪纹黑陶钵的出现，有力地证明了长江流域与黄河流域一样，也是孕育中华民族古代文明的摇篮。

源自生活的“礼器”

猪纹黑陶钵的陶钵器形相当完整，它呈圆角长方形，斜腹平底，钵体呈黑色，属于河姆渡文化典型的夹炭黑陶（在烧制结束时，从窑顶慢慢地加水，木炭熄灭后产生浓烟，使陶器渗入炭末而成），胎质疏松，器壁较粗厚，显得端庄凝重。

图1－1　河姆渡猪纹黑陶钵（整体）

钵，作为一种盛贮容器，与人类的日常生活休戚相关。古人在钵上刻画如此精美的图案，说明钵还具有某种特殊的用途。当时的河姆渡人已开始种植水稻，水稻的丰收离不开雨水的滋润，猪在民间被称为水畜，对雨水的感应非常灵敏。猪有着在下雨前到泥地里打滚的喜好，河姆渡人将象征雨点的圆圈纹和象征植物的叶纹装饰并刻画在陶钵的猪形图案上，似乎又表达着河姆渡人祈雨的美好愿望。因此，这件猪纹陶钵很可能是当时河姆渡人用于祈求风调雨顺的祭祀礼器。

相关链接

河姆渡遗址

河姆渡遗址位于浙江余姚，出土文物丰富，全面反映了河姆渡先民的衣、食、住、行以及精神生活的方方面面，是一座藏品极为丰富、保存条件极好的地下博物馆，是一部反映新石器时代原始社会生活的“百科全书”。考古队员在河姆渡遗址中发现了很多黑陶器，说明河姆渡先民已能生产黑陶。河姆渡先民住干栏式房屋，这种房屋具有较好的通风、防潮功能，还可以防御猛兽虫蛇的侵害。河姆渡先民还种植水稻，在其遗址中出土的稻谷数量之多、保存之完好，在世界考古史上都是绝无仅有的。

艺术鉴赏

猪纹黑陶钵两面均刻有猪纹。猪的图案用线刻法刻就，外部轮廓基本写实。但有些部分是夸张、失实的。猪的眼睛显然刻画得太大。猪嘴和猪身上的皮毛则图案化了——猪肩部与臀部的花纹为双叶纹，并迭合成多层次；猪腹部有多层次的圆圈纹，圆圈纹上下均有斜线纹。整幅画面线条苍古，风格简朴，表现了河姆渡人奇巧的艺术构思和对大自然的热爱，富有浓郁的生活气息。

图 1–2　河姆渡猪纹黑陶钵(局部)

猪生长快、成熟早、繁殖能力强，属于杂食类动物。对于已有原始农业、过着定居生活的先民来说，饲养它是十分适宜的。在新石器时代，家猪已经成为我国原始居民的主要家畜，后来又成为财富的象征。因此，猪在原始社会中占有极其重要的地位，在各种祭祀活动中，以猪作为人神之间的媒介物是很自然的事情。余姚河姆渡猪纹黑陶钵的发现，为人们研究新石器时代陶器的制作工艺提供了实物材料，也为人们了解原始社会的宗教信仰提供了直观而形象的依据。

“泥与火”的重新出发

陶器在中国古代每个历史阶段都扮演着重要的角色，但都存在着一些遗憾，那就是各类陶器艺术风格持续一个阶段后，大多会随着这个时代的结束而消失。但河姆渡遗址中以猪纹黑陶钵为代表的陶器的出现却是人类物质文明发展的一个重要标志。它已作为一种物质消费的载体，一次次地反复出现、存活和延续在中国人的血脉之中。现代陶艺正是借助来自于原始时期的“泥与火”的形式，来表现现代人的观念与审美情趣。它已成为一种自由创造的理想方式。陶艺工作者将现代派艺术创作思想和方法融入陶器艺术的创作之中，突破传统制作观念的局限，尽情发挥想象力和创造力，表达对自然、生命、生活、社会和情感的理解和愿望，从而形成一种新的陶器艺术。

图1–3　现代陶艺作品

猪纹黑陶钵从七千多年前的河姆渡走来，源于生活又高于生活。它是人类进入新石器时代的标志。而作为陶制品的它，一直存续在人们的生活中，并被融入现代艺术元素，更彰显出永恒、独特的魅力。

活动探究

1. 猪纹黑陶钵有什么艺术特色？
2. 结合猪纹黑陶钵，探究新石器时代原始先民的生活特点。

二、良渚玉琮王——神之徽章

谁能读懂这双眼睛？它仿佛从人类古老而幽暗的历史中穿越而来，无声地诉说着先民的爱、恐惧与信仰。距今五千年前后，位于钱塘江流域和太湖流域的良渚地区，一度创造出高度发达的文化。从1936年开始，经过考古学家八十多年的考古发掘，良渚文化的许多历史遗存重现人间，其中最宝贵的就是刻有这双神秘眼睛的器物——玉琮。

上下五千年的见证者

图1-4　良渚遗址考古复原场景

玉琮是良渚文化的典型玉器，后世有“苍璧礼天，黄琮礼地”之说。考古学家认为璧和琮一起象征着天圆地方，在当时是十分重要的祭祀用器。良渚文化遗址发掘是中华文明探源工程的一项课题，它关系到中华文明的起源时间。良渚城墙的发现让人更加确信中华文明至少诞生于距今5300年至4300年之前的时期。因此，良渚文化一向被誉为“文明的曙光”。

在中国史前文明的各大遗址中，良渚遗址规模最大，保存较完整，而分布于余杭境内的“良渚遗址群”，则更是良渚文化的中心。2007年11月29日，考古人员在杭州宣布，一座面积达290多万平方米，距今约5000年的古城在良渚遗址的核心区域被发现。北京大学教授严文明等考古学家指出，这是长江中下游地区首次发现的同时代中国最大的良渚文化时期的城址，也是至今所发现的规模最大的良渚文化时期的城址，可称之为“中华第一城”。良渚古城的发现，说明在5000年前的良渚文化时期，中国就已经进入成熟的史前文明发展阶段。国家文物局有关专家更是指出，良渚遗址群将成为实证中华五千年文明史的圣地。

是人抑或是兽

良渚出土的玉琮王据推测是新石器时代的玉制礼器，高8.8厘米，射径为17.1—17.6厘米，孔径为4.9厘米；黄白色，有规则的紫红色瑕斑；器形呈扁矮的方柱体，内圆外方，上下端为圆面的射，中有对钻圆孔，俯视如玉璧形；琮体四面中间由约5厘米宽的直槽一分为二，由横槽分为四节。这件玉琮重约6500克，形体宽阔硕大，纹饰独特繁缛，为良渚文化玉琮之首，堪称“琮王”。

艺术鉴赏

图1–5　玉琮

该“琮王”由软玉制成，呈黄白色，带紫红色瑕斑，上面琢刻有精细独特的纹饰，对称工整，匠心独具。玉琮四面竖槽内上下布列神人兽面图案，尚属首次发现，该图案细如毫发，肉眼极难辨识，被确认为良渚先民的“神徽”；而横槽下方则雕有兽面纹，两侧又各用线刻法刻了一形体夸张的“神鸟”图案。这种神人、兽面和鸟纹的组合纹饰使玉琮王在同类玉琮中具有代表性。良渚玉器以体大自居，深沉严谨，对称均衡，以浅浮雕装饰手法见长，尤其是其线刻技艺，令后世玉匠望尘莫及。

迄今为止，中国考古学家发现的最早的兽面纹来自于良渚文化时期的玉器。第一眼看上去，人们首先会注意到一双硕大、圆圆的眼睛。兽面纹上面神人的装束像一名祭司，位于有大圆眼的神兽之上。圆圆的大眼珠着实吸引人的眼球。它是驾驭神兽的大神，还是神兽化身的人形？兽与人，究竟是不同的神，还是同一个神的不同面

图1-6　神人兽面纹

相？这些都值得我们后人去深入研究。

“琮王”上的神人兽面纹的实际宽度不足4厘米，高仅3厘米，良渚工匠却能在如此小的范围内刻画如此精细繁密的图案，且刀工出神入化，堪称“鬼斧神工”。神人兽面纹是良渚文化的独特标志，它像人，又似兽，神秘而诡异，其复杂和精细的程度让人感到匪夷所思。它代表着什么，有什么含义，学术界对此并没有形成一致的看法，至今仍在争论。然而，可以肯定的是，这个图案表达了良渚先民征服大自然的愿望，这种愿望也是良渚先民不断开拓创新的精神动力。

一直被模仿　从未被超越

很多人觉得，良渚文化只是中国新石器时代的史前文明的代表，与我们现代化的生活没有什么关系。

图1-7　杭州玉琮造型花坛

事实并非如此。在杭州，路边很多花坛、桥柱都采用了玉琮的造型。在京杭大运河杭州武林门码头边，有巨大的神像特写雕刻。这件曾在地下沉睡了5000多年的玉琮王，如今以这样的方式存在于现代人的生活之中。

图1-8　宋代官窑——琮式瓶

另外，良渚先民可以说是最早的“原创设计师”之一。他们很早就懂得把自己设计的纹样放在宗教和生活用品中，当然，神像是他们刻画得最多的纹样。之后一些朝代的工匠也利用良渚元素做“文创”。比如，宋代出现的以良渚玉琮为外形的琮式瓶。

作为中国最早的“原创设计师”之一，良渚先民设计的玉琮和神像，穿越五千多年，依然存在于我们的生活中，且并不过时。

活动探究

1. 良渚文化为什么能成为“上下五千年的见证者”？
2. 你还能在现实生活中找到哪些以玉琮为原型的事物吗？

三、蛋壳黑陶杯——0.2毫米的精致

大家对薄有怎样的理解？薄如蝉翼，薄如钱唇，抑或是1厘米、1毫米，甚至是0.2毫米？在距今四千多年前的龙山文化时期，最质朴的材质邂逅了处于巅峰水平的工艺。龙山文化出土的数量极少的薄壁黑色陶杯，留下了那个时代的千古绝唱。

1928年，我国著名考古学家吴金鼎在山东省章丘县龙山镇平陵城附近的断崖上发现了数片漆黑、光亮，有的甚至薄如蛋壳的陶片。经考证，这些陶片竟是4500多年前的先民留下的历史文化遗存。这一发现立即轰动世界，一位在场的考古学家激动地记录下了它们的特点：黑如漆，亮如镜，薄如纸，硬如瓷。经过严密测量，这些碎片的厚度均未超过0.2毫米，“蛋壳黑陶”的名字应运而生。

图1-9　吴金鼎

文明的标志

蛋壳黑陶高柄杯是由大汶口文化晚期的黑陶高柄杯发展而来的，多在墓中发现，但并非凡墓皆有，仅出自较大型的墓葬，在墓中也往往单独摆放且位置重要，不与其他的随葬物品混杂。蛋壳黑陶高柄杯的造型呈“头重脚轻”状，器壁薄而易碎，因此考古学家推断这类器物不可能是生活中的日常用品，而是龙山文化时期富贵人家享用的随葬礼器。这些发现说明它在当时就是一种高贵的用品，并非常人可以享用，极可能是一种显示尊贵身份的礼器，意味着当时社会上已产生阶级分化的现象。

史前时代的“黑科技”

人类早期的文明，最先被陶器所散发的质朴光泽照耀。龙山时期的黑色陶杯在姿态各异的彩陶世界中是如此的与众不同。龙山文化出土的蛋壳黑陶杯造型各不相同,由此可见它们并非来自批量生产,件件都饱含着信仰与尊崇。极致的工艺,使黑陶杯独步天下。即便以现代技术还原原始工艺,要达到如此极致的薄度,也是十分艰难的。如此薄壁的陶胎,在快速旋转中,非常容易破碎。薄胎成型,是世界最早使用快轮技术的典范。做这类小型器皿,对快轮轮盘的精密性与旋转时的稳定性要求极其严格。由于至今没有发现窑址,而四千多年前,这些动力设备究竟是怎样工作的,我们只能寄托于想象。

艺术鉴赏

现藏于中国国家博物馆的蛋壳黑陶杯,高22.6厘米,口径为9厘米。蛋壳黑陶杯为泥质黑陶,器表乌黑光亮;宽斜口沿,深腹杯身,细管形高柄,圈足底座;杯腹中部装饰六道凹弦纹。蛋壳黑陶杯细柄中部鼓出部位中空并装饰着细密的镂孔,貌似笼状,其内放置一粒陶丸。将杯子拿在手中晃动时,陶丸碰撞笼壁会发出清脆的响声。杯子站立时,陶丸落定能够起到稳定重心的作用,设计十分巧妙。这件黑陶杯体态轻盈,挺拔秀丽,制作技艺精妙绝伦,是一件绝无仅有的古代艺术珍品。"四千年前地球文明最精致之制作",这是世界考古学界对龙山时期出土的黑陶杯的赞誉。

图1-10　蛋壳黑陶杯

史前时代的"黑科技",或许还是这样的:独特的封窑渗碳技术将碳分子在高温状态下渗透到胎体的微孔里,经过研光的胎体表面呈现出独特的黑色。这种神秘的、黑色的金属般光泽,带着直观的视觉冲击和震撼,让人不由自主地生发无限敬畏。

可惜好景不长,蛋壳陶在历史长河中只是昙花一现,到了龙山文化晚期,高柄陶杯的器壁逐渐增厚,制作工艺日益粗糙,造型也不及早、中期轻盈灵巧,整体制作水平呈下降趋势,到龙山文化之后的岳石文化时期,蛋壳陶杯便消失在历史长河中了。

用规范化的系统与工艺极致的器物来表现祭祀中虚幻的礼,这是权力与等级的诉求。龙山文化时期,黄河下游的山东沿海地区,陶器的制作,从随性到具备严格的工艺程序,预示着人类社会新的秩序正在慢慢形成。蛋壳黑陶杯是礼器,陶土在硬度上的缺憾，只能有待青铜来弥补了。

传承千年的技艺

被誉为“华夏艺术之魂”的陶器，是中国古代文明的象征。山东省日照市历史悠久，在日照地区，考古学家目前发现有八百多处重要的龙山文化遗址。日照的黑陶制作具有四千多年的历史，工艺精湛，陶文化源远流长。生长在日照的“龙的传人”，为了继承和发展这一古老的黑陶制作工艺，弘扬灿烂的民族文化，将黑陶制作工艺代代相传，从未间断。至20世纪80年代末90年代初，人们对于日照黑陶技艺的研究已渐臻顶峰，使龙山文化的黑陶艺术重现异彩。日照的黑陶工匠还研古创新，在制作、烧制等方面的技艺较前人有了很大的提升。截至目前，从生活用品的瓶瓶罐罐，到装饰等工艺品，日照黑陶每年的生产总量已经达到六七十万件。

图 1–11　黑陶制品

图 1–12　黑陶制品

黑陶这一文化瑰宝一度沉寂，如今再度振兴，主要得益于一大批黑陶工艺美术大师的传承创新。他们长期甘于寂寞，潜心研究，创新工艺，终于使千年古陶艺术融入了现代文明，并不断发扬光大。

活动探究

1. 蛋壳黑陶工艺为什么在历史长河中只是昙花一现？
2. 谈谈龙山文化在人类历史发展过程中的地位与作用。

四、司母戊鼎——祭祀之器

司母戊鼎是已出土的人类早期文明中单件体量最大的青铜器。它代表了三千年前殷商时代青铜器冶铸技术的最高成就，享有"国之瑰宝"的美誉。它有着怎样的身世？它的主人是谁？它又经历了怎样颠沛流离的过程，才最终来到中国国家博物馆？从出土之日起，人们对它的关注就没有片刻停止，司母戊鼎向我们展现了先民的智慧以及那个时代的气度。

鼎之轻重　似可问焉

鼎原是日常生活中烹煮用的器物，后来发展成为祭天祀祖的礼器。尤其在商代，青铜鼎被贵族阶层用以祭天地、祀祖先，食飨宾客，歌功颂德，死后将鼎作为陪葬物埋于地下。对于奴隶制国家来说，青铜器尤其是鼎之类的重器则是国家社稷的象征。

1939年，司母戊鼎于河南安阳殷墟出土。初为乡人私掘，因体积过大，移动困难，村民便想锯断大鼎运出。后来为防被日军抢走，村民将其重新掩埋。1946年6月，司母戊鼎重新出土，存于南京中央博物院。1959年，司母戊鼎由南京运至北京，存于中国国家博物馆至今。现为国家一级文物，2002年被列入禁止出国展览文物名单。

司母戊鼎鼎腹壁有铭文"司母戊"三字，郭沫若先生认为"司母戊"即为"祭祀母亲戊"。后来，多位学者提出，在甲骨文中，司与后是同一个字。专家认为，"后母戊"的命名要优于"司母戊"，其意义相当于"伟大、了不起、受人尊敬"与"皇天后土"中的"后"同义。改为"后母戊"，意思相当于将此鼎献给"敬爱的母亲戊"。经研究考证，该鼎是商王武丁之子祖庚或祖甲为祭祀其母戊所制。

图1–13　鼎腹壁铭文（局部）

在商后期，铸造司母戊鼎至少需要1.2吨原料，且要在大约二三百名工匠的密切配合下才能完成。经测定，司母戊鼎的各种成分中，铜占84.77%、锡占11.64%、铅占2.79%。而在商朝，铜和锡都是当时稀缺、罕见的战略物资。

殷墟是商朝晚期的都城，曾有12位商王定居于此。除商纣王没有陵墓外，其他11位商王的王墓都已成了空陵。而那些流失在外的青铜器，大多因信息缺失，再也找不到自己的归属。但司母戊鼎却保留了下来，见证了中国青铜时代的巅峰。

不完美的“巨人”

司母戊鼎重832.84千克，高133厘米，长110厘米，宽78厘米，足高46厘米，壁厚6厘米，大到可以做马槽，所以人们又叫它“马槽鼎”。

图1–14　司母戊鼎

司母戊鼎的器型是我国青铜器方形鼎中的经典代表，而其外形上的纹饰更是商代青铜器的典型范例。

司母戊鼎结构复杂，它的制作采用传统的青铜器制作程序——陶范法。大方鼎的鼎身，每面用2块外范、4块内范，底用4块外范，每足用3块外范，整个鼎共用28块陶范。令人惊讶的是，该鼎除双耳是先铸成后再嵌入鼎范外，鼎身部分都是一次浇铸而成的。即使在今天看来，这种铸造工艺本身仍是一个奇迹。

相关链接

陶范法

陶范就是模具。陶范一般由外范、内范组成。首先制作模子，即器物的初胎。模子做好后，就可以制作外范，外范可雕镂花纹或铭文。将分割的几块外范合拢在一起，成为器物的外腔，也称合范。制作鼎器时，工匠们用外范包住内范，在内外范之间灌注铜液，凝固后取出打磨。

艺术鉴赏

司母戊鼎纹饰美观庄重，工艺精巧，一向为世人钦美。鼎身做成长方形，鼎身的正面和侧面类似一个“回”字的纹样布局，中间没有任何纹饰。而其边框则由夔龙纹、饕餮纹和云雷纹组成，增加了威武凝重之感。饕餮是传说中喜欢吃各种食物的神兽，把它铸在青铜器上，表示吉祥如意、丰衣足食。鼎耳一共两个，正面饰一对老虎，虎口相对，中间有一人头，一般称为虎噬人纹。虎的下部是牛头纹样，鼎耳的侧面还有鸟雀状的连续纹样。司母戊鼎有四只鼎足，每条足部与鼎身连接部位由类似牛头（或是神羊）的兽面纹即饕餮纹组成，鼎足中部是简单的三道压印，下部没有任何装饰。这个牛头饕餮纹上有一个巨大的代表雄性力量的犄角，寓意着王权和富贵。

图1-15　鼎长边框的纹饰

图1-16　鼎足纹饰

图1-17　鼎耳纹饰

司母戊鼎出土时仅有一个鼎耳，另一个鼎耳是南京博物馆工作人员复制的。专家运用现代仪器测量发现，这个“巨人”并不完美。鼎的口沿并非直线，而有变形。鼎壁厚薄不一致。东侧壁有一道裂痕，裂痕左右两边纹饰并不连续，风格也不尽相同。鼎足上半部纹饰和特点都很明显，花纹清晰；足端部分却粗细不均，没有纹饰，较为粗糙。专家大胆猜测，大鼎在浇铸过程中曾出现意外，包裹在壁面的陶范发生破裂，壁面是用范进行补铸的。当然，失误的出现也说明当时的工匠对制作工程可能出现的意外都留有预案，而这些都需要高超的工艺水准和协作能力作为前提。

文化特性　“铁”质光芒

司母戊鼎无论从功能、造型还是纹饰等角度来看，都具有美学特征。司母戊鼎虽然来自三千多年前的古代社会，但是它和我们的生活紧密相连。它的纹饰在许多器物上都有使用，如第五套人民币中20元面值纸币的背景纹饰中就有饕餮纹。

图1-18　人民币饕餮纹

图 1-19　上海博物馆外观

现代社会有许多以“鼎”为形象的建筑作品。上海博物馆的外观就是一尊青铜器，体现了中国传统文化“天圆地方”的宇宙观，显现特有的空间轮廓。2010年上海世博会中国馆就是典型的代表，展馆外形以“中国之器”展开设计，借鉴鼎器的造型概念。鼎有四足，中国馆四组巨柱起到了支撑作用，不仅使原建筑造型采光效果更好，同时传达了力量感与威严感，就像四足鼎将中国馆架起，呈现出挺拔的气势。

了解青铜器，追抚青铜足迹，就是与人类文明的铁质光芒的交织。那种被铸造被雕刻的时光，使人类的历史从很早开始就有了一种厚重和坚硬。

图 1-20　上海世博会中国馆外观

活动探究

1. 司母戊鼎为什么被称为“国之重器”？
2. 你还能在现实生活中找到哪些以鼎为原型的事物？

五、唐三彩——盛世美颜

辽阔的疆土、壮丽的山河、悠久的历史、灿烂的文明形成了中华民族深厚的文化底蕴。中国陶瓷史上的瑰宝——唐三彩，镌刻着深刻的历史意义，有着不可估量的历史价值，它是唐代文化和社会生活的理想代表。唐三彩集中国传统的国画、雕塑、陶艺等各种工艺于一体，运用刻花、印花、贴花、画花等多种表现手段，揭开了中外陶瓷史上新的一页。

盛唐华彩

中国的工艺美术品以朝代命名的极少。而现在无论国内还是国外，提到三彩艺术，大家都会习惯性地称之为唐三彩。唐三彩是融雕塑、绘画、陶艺三种技术于一体的艺术精品，是我国工艺美术品中的珍宝。它继承了秦汉以来写实主义的雕塑技法，形成了高度凝练与简洁的特点，真实再现了大唐盛世的原貌。唐三彩早在唐初就销往国外，在丝绸之路沿线、地中海沿岸和西亚的一些国家和地区都曾经出土过唐三彩的器物碎片。唐三彩的魅力感染了世界各地，它不仅仅是唐代的一种工艺美术品，也是那个时代中国、东亚、西亚乃至欧洲的历史变迁与文化交流的见证。

出彩匠心

唐三彩全名“唐代三彩釉陶器”，是一种多色彩的低温釉陶器。在同一器物上，黄、绿、白或其他基本釉色同时交错使用，形成绚丽多彩的艺术效果（“三彩”是多彩的意思，并不专指三种颜色）。唐三彩的造型丰富多彩，一般可以分为生活用具、模型、人物、动物四大类，其中尤以动物造型居多。

艺术鉴赏

唐三彩的一大特点体现在釉色的使用上。工匠在一件器物上同时使用黄、绿、白三种釉色，经过高温烧制以后，釉色又浇融流溜，形成独特的流窜工艺。出窑以后，三彩就变成很多色彩，互相浸润。形成了异常光亮、绚丽多彩的釉面，烘托出了富有浪漫色彩的盛唐气氛。这是唐以前的各种单色釉陶器所不具备的。

图 1-21　黑釉三彩马

以这件黑釉三彩马为例，它全身黑色，唯马面、鬃尾和四蹄为白色，鞍鞯为绿、黄、白三色相间，这在唐三彩器物中实属罕见，是文献中“龙种神驹，四蹄踏雪”的艺术再现。

唐三彩的另一大特点就是造型生动。它的造型以静为主，但是静中显动。如三彩马，它的眼部被刻成三角形，眼睛是圆睁的；它的耳朵是贴着的，好像在静听或者听到一些细微动静一样。工匠通过这样的细部刻画来显示出唐马的精神和韵律，人们也可籍此窥见唐三彩高超的制作工艺。

马在古代军事、农业、交通等方面发挥着重要的作用，所以古人对于马有一种偏爱。有资料记载，唐代官府养马最多时达70万匹，因此马的造型在唐三彩中独占鳌头。

图 1-22　三彩骆驼

除此之外，昂首嘶鸣的骆驼也深受唐三彩工匠的喜爱。诗人杜甫描写的“东来橐驼满旧都”“胡儿制骆驼”，正是对西域商人的驼队络绎不绝地来往于西京长安和东都洛阳的情景的真实写照。这件唐三彩双峰骆驼俑搭挂着兽面纹饰的驮囊，丝绸和水壶也都安放就位。骆驼引颈张口，仿佛刚从卧姿直身而起，仰天长嘶，准备踏上西归的征途，使人联想起当年骆驼行走于丝绸之路上的景象。

三彩女俑是唐三彩陶器中最为精美绝伦的一种。三彩女陶俑形象繁多，她们或站或坐、或骑驭，神情专注，气质或柔婉、或活泼，三彩丰富了她们华丽的裙装，更体现了她们华美的气质，反映了唐朝女子的生活面貌。

图1-23　唐贵妇俑

图1-24　梳妆女坐俑

图1-25　戴风帽骑马女俑

相关链接

唐三彩骆驼载乐俑表现的是不同的人组成了一支乐舞队。一人表演胡舞，其余乐工演奏胡乐乐器。这是一件具有艺术表现力和浪漫主义色彩的稀世珍品，它不仅代表了当时唐三彩制作技艺的最高水平，也反映了唐代经济文化、对外交流的发展水平。更重要的是，它以其独特的艺术魅力，向全世界展示了中华民族海纳百川的气概和蓬勃的生命力。

图1-26　三彩骆驼载乐俑

悦彩传承

进入现代社会以来，人们对唐三彩的关注与热爱与日俱增。唐三彩的复制和仿制工艺以洛阳当地的工匠最为知名，到目前为止，洛阳工匠仿制唐三彩已有上百年的历史。经过数代艺人的研制，“洛阳唐三彩”的工艺水平达到了一定的高度，唐三彩的制作工艺也得以继承和发展。目前，在国际市场上，唐三彩已成为极其珍贵的艺术品，曾在有80多个国家和地区参加的国际旅游会议上被评为优秀旅游产品，被誉为“东方艺术瑰宝”。唐三彩大马、骆驼等精美陶器曾作为国礼，赠送给50多个国家的元首和政府首脑。唐三彩的成功之处不仅在于工匠们对唐三彩制作工艺的创新与发展，更在于唐代吸收和包容外来文化的大国襟怀。

唐三彩是最能体现大唐盛世风采和雄浑博大气度的艺术品之一。无论在造型、装饰，还是在烧制工艺方面，唐三彩都闪烁着中国古代社会鼎盛时期的艺术光辉。唐三彩以它独有的艺术魅力，给人一种无与伦比的视觉体验，是中国陶瓷史乃至世界陶瓷史上的一颗璀璨的明珠。它所塑造的形象至今仍熠熠生辉，光彩照人。

活动探究

1. 唐三彩的艺术特点是什么？
2. 分析唐三彩出现在唐朝的原因。

六、孩儿枕——北宋极简美学之道

陶瓷艺术是人类文明进步和发展的重要标志，宋瓷则是陶瓷艺术的杰出代表。宋瓷与日常生活的紧密联系决定了其造型更加注重实用性。北宋的陶瓷工匠们创造了前所未有的时代样式，许多造型作为典范为后世所追慕效仿。在艺术价值上，瓷枕在许多方面是其他瓷器所不能及的，其中最有代表性的就是北宋定窑孩儿枕。

天工不及

定窑瓷器举世闻名，其以白瓷为主，大都为实用的瓶、罐、碗等器物，孩儿枕是其中难得一见的器型。孩儿枕制作精美，人物形态活泼、悠然，是中国古代瓷器中的珍品。

图1-27　北宋定窑孩儿枕

瓷枕是一种枕头，是中国古代瓷器造型中较为流行的一种，枕上用彩釉绘成精美的图画或题上诗句。瓷枕始烧于隋代，流行于唐代以后。据说瓷枕开始时是作为陪葬的冥器，以后又作为寝具或用于诊脉。宋代女词人李清照有“玉枕纱橱，半夜凉初透”的词句，句中所言“玉枕”可能就是指当时所生产的白瓷枕或青白瓷枕。瓷枕作为清凉、祛暑的寝具早在隋代即已出现，唐、宋时期更是广为流传。宋代，瓷枕的发展进入繁荣时期，极工尽料，形态优美，制作精良，高雅俊秀，达前人之未及，真正地做到了“天工不及”。

是枕头还是工艺品

这件定窑孩儿枕，高18.3厘米，长30厘米，宽11.8厘米。它质地洁白，通体施釉，釉层均匀，仅在衣褶等凹处有积釉现象，但绝无挂釉的缺陷，釉色白润如玉，光亮可鉴，釉层较厚处白中透青。枕作孩儿伏卧于榻上状，以孩儿背作枕面，故名“孩儿枕”，该枕现藏于故宫博物院。

艺术鉴赏

瓷枕造型为一儿童俯卧于枕座之上，只见他抱拢双臂，右手在下，左手在上，将头枕于手臂上，并转向左侧，目光正视前方，右手中还执着一条丝绦状织物，其上缀有一个绣球，绣球上的花纹清晰可见，丝绦在绣球的两边各打了一个蝴蝶结，十分可爱。

图 1-28　孩儿枕（局部）

儿童的两只小腿向后抬起，并交叠在一起，顽皮逗人。再看他的面部表情：脑门宽阔，两耳肥大，眉毛高高挑起，眉下是一双天真无邪的大眼睛，眼神中透出灵气，带着幼稚。胖胖的两个腮帮之下是肥肥的下巴，在两颊与下巴之间两边各有一道凹沟，愈发衬托出脸颊与下巴的丰腴。鼻子小巧挺直，嘴唇略厚。头顶梳理的是“鹁角儿”发式，即在头顶两侧各扎一髻，这是我国古代最常见的一种儿童发型，风格十分活泼，样式与成年人的发型迥然不同。

通过儿童形象，我们还可以了解到当时人们质朴的审美情趣和向上的生活信念。儿童的表情天真无邪，反映了工匠们健康的精神状态和对生活的无限热爱。儿童的服饰比较简单，上衣有两层，内衣为长衫，从臀部的纹饰可以看出它是有纹绣的，外衣是无袖的坎肩，后裾较长，下身穿的是长裤，比较肥大，脚上的鞋子难以看清，可能是软底布鞋。这套服饰形象是研究宋代服饰特别是儿童服饰不可多得的实物资料。相比平面绘画的形象，它具有立体、直观的优点。这件孩儿枕的枕座是一个平面呈椭圆形的扁圆体，约占整个器高的三分之一。四周有一圈浮雕图案，卧榻四周雕饰螭龙、如意纹饰，精致华美。由于人物雕塑栩栩如生，神情状貌表现得恰到好处，加上瓷胎细腻，釉色白中发暖，如象牙般均匀滋润，整体给人以柔和温馨的美感。

同时，孩儿枕也是件艺术珍品。它形神兼备，富有情趣，运用多种装饰手法制作，不但反映出宋代定窑工匠高超的制瓷技能，也体现出宋代社会对儿童的重视——

人们认为儿童象征着吉祥幸福，能降福驱灾。所以说，定窑孩儿枕不仅具有很高的艺术价值，也是件吉祥之物。

在艺术价值上，瓷枕在许多方面都是其他的瓷器所不能取代的。首先是造型特殊，许多瓷器比如一个盘子、一个碗、一个瓶，它都只能是片面的，观赏的角度有限，而瓷枕可以让人们多角度地欣赏。其次，瓷枕作为古时人们生活中的日常用品，在历史的长河中融科学、艺术、民俗与保健医学于一体，并以独特的造型、丰富多彩的装饰题材以及雕、镂、镶嵌、书、画、绣、印等技法而著称，其本身的文化内涵和艺术价值是极其丰富的。

这件定窑孩儿瓷枕是一件不可多得的艺术珍品，它不仅具有很高的欣赏价值，而且保存了民俗史、服饰史等方面的珍贵材料。此外，它也反映了定窑的工匠们对生活情景的真实捕捉和高超的艺术再现，特别是对衣纹褶皱的刻画，使用了不同的刀法，表现出软硬不同的质感，一丝一布，一目了然，令人叹为观止。

宋代是中国瓷器的鼎盛时期，出现了定、钧、官、哥、汝五大名窑，中国古代瓷器中，宋瓷以器形优雅、釉色纯净、图案清秀，在中国陶瓷史上独树一帜。虽然宋代的窑口数量较多，但是宋瓷的存世量却非常少。从隋到宋，中国一直流行瓷器外销，到了宋代，瓷器出口量迅速增加，瓷器销售地遍及亚洲的东部、南部、西部和非洲东海岸的大部分地区，国内存留的瓷器数量反而有限。此外，宋代并不流行将瓷器作为随葬品，因此，在现今出土的文物中，宋瓷并不多见。

大道至简

与元瓷相比，宋瓷多了几分细腻；与明清瓷相比，宋瓷又少了些柔媚。宋朝的瓷器，工艺精湛复杂，但最后呈现出来的瓷器却极其安静朴素。近代大学者陈寅恪先生曾说：“华夏民族之文化，历数千载之演进，造极于赵宋之世。”宋朝推崇简约抽象之美，这一理念深入社会的方方面面，宋人向往返璞归真、恬淡静悠的生活方式，这些都体现在了宋代瓷器上，宋瓷以素净优雅为美，追求器型简洁，釉色纯净，不张扬、不做作，于纯净之中传递美感。

图 1–29　宋瓷冰裂纹碗

图 1–30　汝窑天青无纹水仙盆

大道至简。所谓“真传一句话，假传万卷书”。我们一旦掌握这个大道，也就必然能做到以简驭繁。《道德经》中说：“为学日益，为道日损。”人生需要上进、需要做加法，但更重要的是学会做减法。

简单比复杂更难。很多人都善于把事情做得复杂，而只有少数成功者才能把事情做得简单。简单就是抓住重点，抓住根本和关键，提纲挈领，以简驭繁，而这也许正是北宋孩儿枕留存给后人的生活启迪。

活动探究

1. 宋代陶瓷业兴盛的原因是什么？
2. 结合宋瓷及相关知识，分析宋代美学的特点。

第二章

出鬼入神

妙到毫巅的古代书画

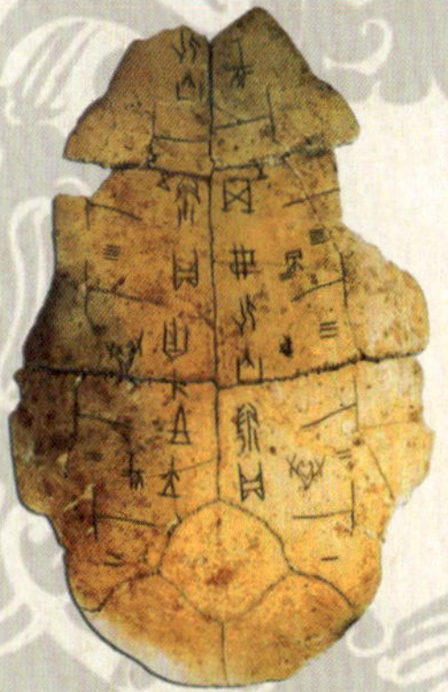

古代书画是中国古代书法与绘画的统称，它既是中华民族的传统艺术门类之一，也是中华文明的重要组成部分。

从商朝时期出现汉字的鼻祖甲骨文，到秦朝时期的云梦睡虎地秦简，再到东晋时期王羲之的《兰亭序》，无不展现了中国汉字书写艺术的演变历程。开创了中国传统绘画长卷先河，被誉为“中国绘画始祖”的《洛神赋图》，与唐朝的《步辇图》、北宋的《清明上河图》等历代名作，在让后人深切感受中国古代绘画艺术魅力的同时，领略到文学艺术、民族关系、市民生活以及时代特征等方面的内涵。

中国古代书画艺术出鬼入神、妙到毫巅，不仅从一个侧面反映出了中国古代不同时期的历史与文化，而且让后世的人们能够在惊叹古人审美价值的同时实现对历史的细致解读。

一、甲骨文——汉字的鼻祖

甲骨文，又称“契文”“龟甲文”或“龟甲兽骨文”，主要指中国商朝后期(公元前14—前11世纪)王室用于占卜记事而在龟甲或兽骨上镌刻的文字。殷商灭亡，周朝兴起之后，甲骨文还被延续使用了一段时期。甲骨文是中国已知最早成体系的文字形式。它上承原始刻绘符号，下启青铜铭文，是汉字发展的关键形态，被称为“最早的汉字”，是汉字的鼻祖。

世界记忆

在世界文明史上，几大古老文明都曾创造过自己的文字。然而历经千年，苏美尔楔形文字、古埃及象形文字等，与它们所代表的文明一样，都被历史长河无情湮没，唯有汉字与伟大的中华文明，经久不衰，生生不息。2017年10月30日，联合国教科文组织发布消息，甲骨文入选“世界记忆名录”，古老的中国文字实现了从中国记忆到世界记忆的升级，向世界展示出其独特的魅力。

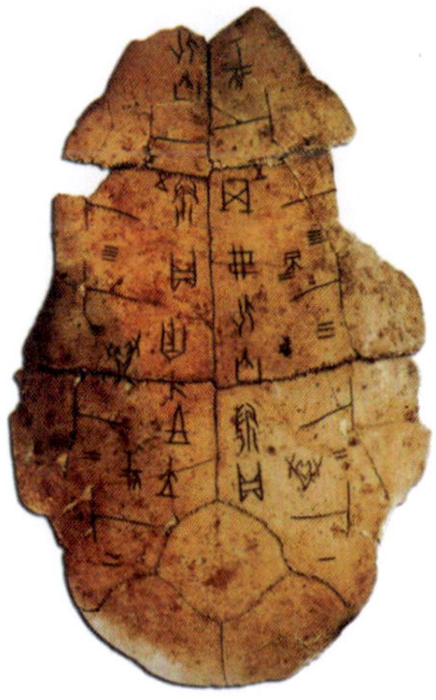
图2–1　甲骨文(龟甲)

甲骨文是中国的一种古代文字，是汉字的早期形式，在有的年代也被认为是汉字的书体之一，也是中国现存最古老的一种成熟文字。甲骨文又称“契文”“龟甲文”或“龟甲兽骨文”，是一类重要的古汉字宝贵资料。从字体的数量和结构方式来看，甲骨文已属于具有较严密系统的古代文字。

既是艺术又是史书

一百多年前，清代学者王懿荣在一味被称为“龙骨”的中药上发现了一些神奇的刻纹，而这些刻纹将中国有文字记载的历史提前了将近一千年。这就是汉字的鼻祖——甲骨文。

距今三千余年的甲骨文既是研究汉字发展历程和中国早期历史的宝贵材料，也是实证我国五千年文明史的重要证据。甲骨文记载和反映的主要是商王朝统治者的占卜活动。殷墟甲骨的大量出土，反映了商代占卜风之盛。王室贵族上至国家大事，下至私人生活，如祭祀、气候、收成、征伐、田猎、病患、生育、出门等，无不求神问卜，以得知吉凶祸福从而决定行止。在商代，占卜是国家政治生活中的一件大事，朝廷还设置了专门的机构和卜官。有刻辞的甲骨都作为国家档案被保存起来，堆存在窖穴之中。因此，甲骨上的卜辞成为研究商代历史的第一手材料，它反映了从公元前1300年至公元前1000年的古代社会生活各个方面的情况。

相关链接

龙骨中发现的古老文字

清光绪二十五年(1899)秋，时任国子监祭酒(中央教育机构的最高长官)的王懿荣(1845—1900)得了疟疾，他派人到宣武门外菜市口达仁堂买了一剂中药。

王懿荣无意中看到其中的一味叫龙骨的中药上面刻画着一些符号。龙骨是古代脊椎动物的骨骼，这种几十万年前的骨头上怎会有刻画符号呢？这不禁引起他的好奇。对古代金石文字素有研究的王懿荣便仔细端详起龙骨来，他觉得这不是一般的刻痕，很像是某种古代文字，但其形状非籀(大篆)非篆(小篆)，一时难以确定。为了找到更多的龙骨作深入研究，他派人赶到达仁堂，以每片二两银子的高价，把药店所有有着刻画符号的龙骨全部买下，后来又通过古董商范维卿等人进行收购，累计收集了1500多片。

图2-2 王懿荣像

据学者胡厚宣统计，从1899年甲骨文首次发现至20世纪八九十年代，共计出土甲骨154600多片，其中大陆收藏97600多片，台湾地区收藏30200多片，香港地区藏有89片。此外，日本、加拿大、英国、美国等国家和地区共收藏约26700多片。这些甲骨上刻有单字约4500个，迄今已释读出的超过2800个。

艺术鉴赏

从文字上看，甲骨文已具备了中国书法的用笔、结字、章法三要素。

从用笔上看，甲骨文在刻画时多用直线，曲线也由短的直线接刻而成。甲骨文的笔画粗细较为均匀；多数线条呈现出中间稍粗两端略细的特征，显得瘦劲坚实，挺拔爽利，并富有立体感。

就结字而言，甲骨文外形多以长方形为主，间或少数方形，具备了对称美或一字多形的变化美。另外，甲骨文在结字上还具有方圆结合、开合揖让的结构形式，有的字还具有或多或少的象形图画痕迹，具有文字最初发展阶段稚拙和生动的特点。

图2–3　刻辞卜骨拓片

从章法上看，卜辞全篇行款清晰，文字大小错落有致。字数多者，全篇安排紧凑，给人以茂密之感；字数少者又显得疏朗空灵。总之，都呈现出古朴而又烂漫的情趣。

殷商时代的甲骨文主要有这样几种风格：劲健雄浑型、秀丽轻巧型、工整规矩型、疏朗清秀型、丰腴古拙型。总之，尽管甲骨文是镌刻出来的文字，但笔意充盈，百体杂陈。或骨骼开张，有放逸之趣；或细密绢秀，具簪花之格。字里行间多有书法之美。

郭沫若在1937年出版的《殷契粹编》的序言中，就非常赞赏甲骨文书法："卜辞契于龟骨，其契之精而字之美，每令吾辈数千载后人神往。文字作风且因人因世而异，大抵武丁之世，字多雄浑；帝乙之世，文咸秀丽。而行之疏密、字之结构，回环照应，井井有条。"若就甲骨文书契形式作粗略的一瞥，我们会发现早期字体较大，像罗振玉编《殷虚书契菁华》所收录的许多武丁时期的卜辞，字体非常大气、醒目；而到商末帝乙、帝辛时代，字体变得细小委琐；至于西周甲骨文，则更是细若粟发。

绝学振兴

最早出现的甲骨文书法作品，是1921年左右著名学者罗振玉集用毛笔写成的甲

图2-4 罗振玉甲骨文书法

骨文楹联。他说:“取殷契文字可识者,集为偶语。”1927年,罗振玉将自己和其他三人的作品结集为《殷墟文字楹帖汇编》一书并出版。由于甲骨文发现于小篆和金文研究大行其道的清末,书写甲骨文的又多是这方面的学者和篆书专家,因此,当时的人写甲骨文多借鉴小篆和金文的写法。罗振玉等学者的甲骨文书法作品虽然由于各人用笔轻重疾徐和线条粗细曲直的不同,而呈现出清劲、隽秀、典雅、浑穆、庄重等不同风貌,但都参以小篆笔法。改革开放以来,甲骨文书法伴随着“书法热”的兴起,出现了复兴的景象。当下人们以艺术的审美情趣,积极热情地进行艺术实践,终于使甲骨文这个古老而又年轻的文字成为书法园地中新的品类。

要让甲骨文从书斋走向大众,从“绝学”变为“显学”,除了继续做好甲骨文研究、破解古文字难题,做到“绝学”不绝,“冷门”不冷外,还要在普及工作上下功夫。有关专家指出,通过组织名家撰写甲骨文科普读物和教育读物,博物馆举办甲骨文专题展览,图书馆举办名家讲座等群众喜闻乐见的形式,对甲骨文知识进行推广,尤其是在青少年中进行宣传普及,这样才能尽可能地激发民众关注甲骨文的热情,推动甲骨文焕发生机、代有传人,从而让古老的汉字为新时代注入生命力。

活动探究

1. 甲骨文字有什么艺术特色?
2. 通过对甲骨文的解读,请你谈谈对商朝的认识。

二、云梦睡虎地秦简——大时代的律法

秦朝是中国历史上第一个中央集权的统一政权。1975年年底，一批秦简出土于湖北省的云梦县睡虎地秦墓。云梦睡虎地秦简中提到的秦律虽然严酷，但详尽完备，操作性强，为研究秦朝的发展史提供了翔实的资料；秦简中涉及的秦隶对研究中国书法，具有十分重要的艺术参考价值。

一个时代　一部律法

睡虎地秦墓竹简（以下简称云梦秦简），又称睡虎地秦简、云梦秦简。它是我国迄今为止发现的最早、最完整的法典。此前历史学家对于秦朝的法律制度了解很少，这是因为秦朝统一以后所制定的很多法律早已散失，而现存的古典文献中记载的只是一些不成体系的片段，学者无法据此了解秦律的全貌。云梦秦简的发现填补了这一空白，为研究秦的政治、法律、经济、文化、医学等方面的发展历史提供了翔实的资料，具有十分重要的学术价值。

缔造秦朝的软实力

云梦秦简共有约1155枚，残片80枚，这些竹简长23.1—27.8厘米，宽0.5—0.8厘米。有的简两面均有墨书文字，但大部分只书于篾黄上。竹简用细绳分上、中、下三道编结，按顺序编组成册。上起商鞅变法，下至秦始皇三十年，竹简记录了秦国建立至秦朝近100年的历史。

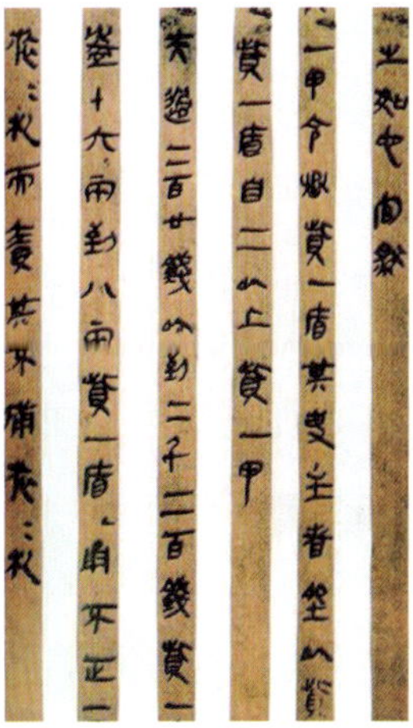
图2-5　秦简局部图

这批秦简被分类整理为十部分的内容，包括：《秦律十八种》《效律》《秦律杂抄》《法律答问》《封诊式》《编年记》《语书》

《为吏之道》,甲种与乙种《日书》。其中《语书》《效律》《封诊式》《日书》为原书标题,其他均为后人整理拟定。值得一提的是,法律部分记载了秦朝施行的二十几个单行法规的条款原文,共记载法条六百。

艺术鉴赏

裘锡圭先生在《文字学概要》中指出:“秦简上的文字不但数量多,而且是直接用毛笔书写的,由此可以看到当时日常使用的文字的真正面貌。”秦简隶书结字茂密紧实,外廓趋方,线条平直简净,起伏隐晦,表现了矜持内敛的韵致。秦简具有独特的形体特征和艺术韵味,字体清秀,在字体用笔上变圆曲为方折,变弧形为直线,体现了独有的艺术价值。云梦秦简的出土,让世人第一次目睹了秦简隶书的书法艺术特征。

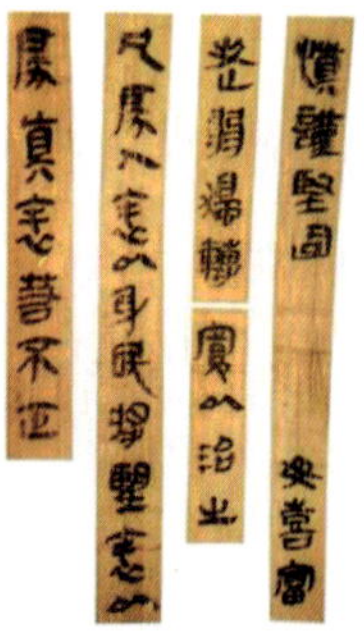

图2-6 秦简隶书

云梦秦简在维护公共利益、倡导培养社会互助的良好道德风尚方面也有明确规定,这彰显了当时社会对工匠技术和劳动价值的重视,同时也体现了对百姓财产所有权的保护,彰显了秦律的“人道主义”精神。

有学者认为,云梦秦简还是中国迄今为止最古老且比较完整的一部生态环境保护法。

云梦秦简中的《封诊式》是关于查封与勘验程序式的一部书籍,书中大部分内容以案例为主,包括审讯嫌疑人、抓捕、自首、惩办、勘验等方面,这也是世界上已知最早的刑事侦查书籍。在云梦秦简之前,我们只知道在宋代有著名的法医典籍《洗冤录》,而云梦秦简《封诊式》的出现比它早了1000多年。云梦秦简里有一则缢死案例的现场勘查记载,叫作《经死》,文中详细记载了死者缢死的诸多细节。中国是世界上开创法医学最早的国家之一,而这源远流长的传承,就体现在云梦秦简里。

相关链接

云梦秦简中的条文

◎隶臣有巧可以为工者,勿以为人仆、养。

◎贼入甲室,贼伤甲,甲号寇,其四邻、典、老皆出不存,不闻号寇,问当论不当?

审不存，不当论；典、老虽不存，当论。

◎《田律》的规定：春二月，毋敢伐材木山林及雍堤水。不夏月，毋敢夜草为灰……到七月而纵之。

以行为知　以终为始

云梦秦简有四万多个工整的秦隶汉字，它的出土证明了中华民族拥有源远流长的法治文化。“人终有一死，而这些竹简也终将会随着时间的流逝而腐朽，但律令所蕴含的法治精神一定会延绵后世。”以行为知，以终为始，历史的车轮终究会留下深刻的痕迹，前人的精神也将绵延千年。

相关链接

据考证，云梦县睡虎地秦墓的墓主人名喜。喜生于秦昭王四十五年（公元前262），生前任县令史，即县令属下的小吏，参与过“治狱”。这个墓葬中没有金银珠宝，没有华丽的陪葬品，却有墓主人一生守候的秦简。喜以执着的精神，几十年如一日地记录着那个伟大时代的律令、农业生产制度等内容，这是怎样的一种精神？今天这个时代，许许多多的普通人也像喜一样，专注于一件事。

图2-7　抄写书简的喜

活动探究

1. 云梦睡虎地秦简的书法艺术特点是什么？
2. 云梦睡虎地秦简有何历史价值？

三、《洛神赋图》——中国传统绘画长卷的开山之作

东晋画家顾恺之借曹植的《洛神赋》，以绘画的方式重新诠释了曹、甄二人在洛水邂逅的爱情故事，成《洛神赋图》。顾恺之以线描、赋色的方式，细腻地刻画出曹植对爱人的深刻情感，以及失去爱人后无尽的哀痛。顾恺之经典的创作手法，使得这件《洛神赋图》流芳百世，成为中国绘画史上的传世佳作。

妙到毫巅

《洛神赋图》是东晋顾恺之的画作，它开创了中国传统绘画长卷的先河。无论从内容、艺术结构、人物造型、环境描绘，还是笔墨表现的形式来看，《洛神赋图》都不愧为中国古典绘画中的瑰宝。中国古代，尤其晋唐之前，美术品主要是讲究实用的，并非纯粹的欣赏品。当然，那时也有具备审美功用的美术作品，但大都没有留传下来，因此留传至今的《洛神赋图》就显得格外珍贵。

图2-8　洛神赋图(摹本)

洛水河畔顾盼兮

《洛神赋图》原卷为设色绢本，横约570厘米，纵约27厘米，是由多个故事情节组成的类似连环画而又融会贯通的长卷，原画现已失传。《洛神赋图》在古代曾被很多画家临摹，传世至今的主要是宋代的几件摹本，分别收藏在北京故宫博物院(两件)、辽宁省博物馆(一件)和美国弗利尔美术馆(一件)。

艺术鉴赏

《洛神赋图》想象丰富，人物生动传神，情感炽热纯洁，画面虚实、疏密相间，使人感受到飘逸浪漫、诗意盎然的意境美，达到诗歌与绘画的交融统一。纵观整幅绘画，画者在忠实于原著故事的基础上，充分调动了自身的想象力与绘画本身的特性。原著文本输入的交织在丰沛的自然界、人界和仙界中的信息，在绘画里被输出为大量的意象、密集的形象、三界之间关联的展示、人神之间感情的传递；原著文本输入的视觉、听觉效果在绘画中通过颜色、技法和对空间的布置来达到；原著文本中虚幻的比拟落实为绘画中真实的景物。原著文本中俭省的文字在绘画中面面俱到，变为真实存在的细节，画作意境超然且内容丰富，堪称经世巨作。

建安二十五年(220)，曹操病逝于洛阳，其子曹丕废汉献帝，自称皇帝，定都洛阳，国号“魏”，史称曹魏。曹丕称帝之后，对曹植严加防范。后来，曹丕碍于母后卞氏的压力，只好将曹植数次徙封。曹植的生活从此发生了变化。他从一个过着优游宴乐生活的贵族王子，变成处处受限制和打击的对象。222年，曹植被封为鄄城王，也就是在这次被封王之后回鄄城的途中，他写下了著名的《洛神赋》。《洛神赋》通过对恋爱失败的描写，表现诗人对理想的追求归于破灭。在现存的中国古代绘画中，《洛神赋图》被认为是第一幅改编自文学作品的画作。

图2–9　曹植像

吾书吾画

一幅《洛神赋图》，跨越了千年的时光，展现在世人眼前，令我们为其喟叹。正是顾恺之的“吾书吾画”，让人感受到中国书画所具有的那份洗目畅神的功用。《洛神赋图》是“中国十大传世名作”之一，因为它情节完整且感人，绘画手法多变、形式隽永，为以往画作所不及，故为人推崇，在历史上具有很高的地位。它的存在不仅影响了当世之人，也为后世的许多画家提供了宝贵的灵感源泉，它无愧为中国美术史上一颗熠熠生辉的明珠。

相关链接

余告之曰：其形也，翩若惊鸿，婉若游龙。荣曜秋菊，华茂春松。髣髴兮若轻云之蔽月，飘飖兮若流风之回雪。远而望之，皎若太阳升朝霞；迫而察之，灼若芙蕖出渌波。秾纤得衷，修短合度。肩若削成，腰如约素。延颈秀项，皓质呈露。芳泽无加，铅华弗御。云髻峨峨，修眉联娟。丹唇外朗，皓齿内鲜。明眸善睐，靥辅承权。瓌姿艳逸，仪静体闲。柔情绰态，媚于语言。奇服旷世，骨像应图。披罗衣之璀粲兮，珥瑶碧之华琚。戴金翠之首饰，缀明珠以耀躯。践远游之文履，曳雾绡之轻裾。微幽兰之芳蔼兮，步踟蹰于山隅。于是忽焉纵体，以遨以嬉。左倚采旄，右荫桂旗。攘皓腕于神浒兮，采湍濑之玄芝。

——《洛神赋》片段

活动探究

1. 《洛神赋图》的艺术特点是什么？
2. 结合《洛神赋图》的内容，分析其历史价值。

四、《兰亭序》——天下第一行书

王羲之《兰亭序》与颜真卿《祭侄文稿》、苏轼《寒食帖》并称为中国三大行书法帖。《兰亭序》在技法上几臻完美，成为行书的典范，有“天下第一行书”之誉。

中国书法第一帖

《兰亭序》又名《兰亭集序》《临河序》《修禊序》等，是东晋右军将军王羲之在51岁时的得意之笔，记述了他与当朝众多达官显贵、文人墨客“雅集兰亭、修禊(xì)事也”的景象，抒发了他对人之生死、修短随化的感叹。宋代书法大家米芾称《兰亭序》为“中国行书第一帖”。王羲之也因此被后世尊为“书圣”。后人在研究其书法艺术时赞誉颇多：“点画秀美，行气流畅”“清风出袖，明月入怀”“飘若浮云，矫若惊龙”“遒媚劲健，绝代所无”“贵越群品，古今莫二”。传说王羲之后来也曾再书《兰亭序》，但均逊色于原作，所以《兰亭序》原稿一直为王羲之后人视作传家之宝，为王氏后代收藏，传至唐朝时被唐太宗李世民“骗”入朝廷。唐太宗得《兰亭序》后，曾诏名手赵模、冯承素、虞世南、褚遂良等人钩摹数版乱真副本，分赐亲贵近臣，之后民间也广为临摹，但无一胜过王羲之的原作。相传，《兰亭序》真迹被唐太宗视为稀世珍品陪葬。

一场千年前的春天盛宴

目前所见最早的《兰亭序》摹本为唐虞世南、褚遂良、冯承素所作，其中以冯承素所摹的神龙本最接近真迹。神龙本《兰亭序》，由唐朝冯承素以“双钩填墨法”所摹写，纸本，行书，纵24.5厘米，横69.9厘米，共28行，324字。因卷首有唐中宗李显神龙年号小印，故有“神龙本”之称。此本摹写精细，笔法、墨气、行款、神韵酷似原作，被公认为是最好的《兰亭序》摹本，现藏于北京故宫博物院。在《兰亭序》的石刻中，后人认为

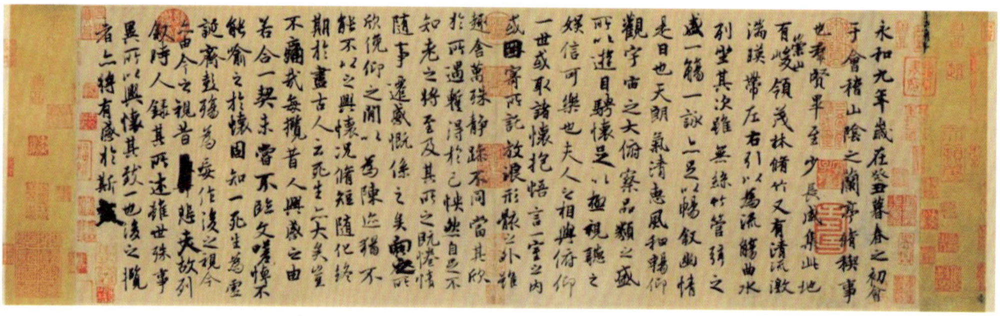

图2-10 《兰亭序》神龙本

最好的拓本是欧阳询的“定武本”。《兰亭序》经过辗转、流转和翻刻，现在流行的版本有数百种。

艺术鉴赏

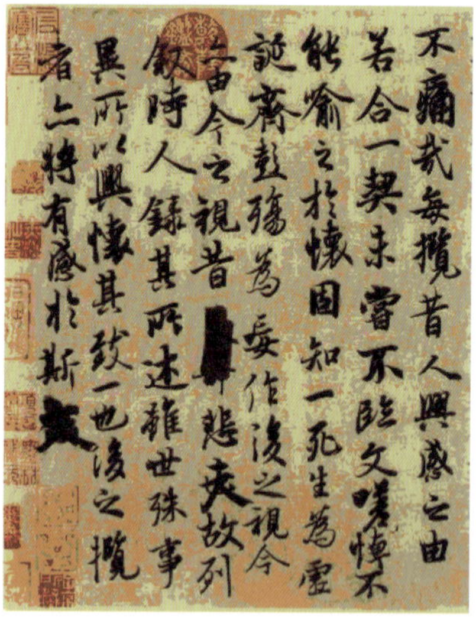

图2-11 《兰亭序》神龙本(局部)

《兰亭序》书法的艺术魅力：点画注重提按顿挫，精到而多变，同一点画，写法多样，无法而有法，能寓刚健于优美。结构强调欹正开合，生动而多姿，同一字形，绝不重复，能尽字之真态，寓欹侧于平正。章法疏密有致，自然天成。总览全篇，行笔不激不厉，挥洒自如，收放有度，点画从容而神气内敛。自始至终都流露着一种从容不迫、潇洒俊逸的气度，给人以高雅、清新、华美、蕴藉的艺术感受。

而神龙本充分理解并反映了真迹的结构和用笔，毫芒转折，纤微备尽，连“群”“毕”等字的破锋，“仰”“可”诸字的断笔，“蹔”字的贼毫，行距的前松后紧，浓、淡、半浓的三种墨色也都精确地予以表现。就连涂去“良可”两字，由“一”改“每”，改“也”为“夫”等修改痕迹，也照摹不误，展现了真迹信笔直下的风貌。

永和九年(353)，会稽内史王羲之与谢安等42人在山阴兰亭举行“祓禊”之会，曲水流觞，饮酒赋诗，这些文人分坐于溪旁，把盛满酒的羽觞(当时的一种酒杯)放于溪中，任其随波逐流，当它漂到某人面前停下时，此人要赋诗一首，若作不出诗则要罚酒三杯。据记载，在此次聚会上，42人共成诗37首，结成诗稿《兰亭集》。王羲之于兰亭之中为《兰亭集》挥笔作序，他手执鼠须笔于蚕茧纸上，写就了流芳千古的《兰亭序》。此帖为草稿，28行，324字，记述了当时文人雅集的情景。王羲之当时酒至微醺且兴致甚高，是在一种极其愉悦的状态下写就的《兰亭序》，故全文书写自如，用笔精妙。据说王羲之在酒醒之后也曾尝试重写《兰亭序》，但是他无法超越自己之前的巅峰状态，后来写出来的字总没有那一次的好。

图2-12　明　钱穀《兰亭修禊图卷》(局部)

千载兰亭　历久弥新

王羲之的《兰亭序》是魏晋风度的经典代表，而魏晋风度的审美风尚对后世书画艺术又产生了深远影响，故而《兰亭序》对后世书风的影响是其他任何书画作品都难以比拟的。王羲之书风对后世的影响，有时表现为后人对他技法的学习，有时则表现为后人对他艺术精神（魏晋风度）的理解和把握。

《兰亭序》提示我们，书法是用法度和个性兼具的笔墨技艺来表达人们对自然、历史与人生的感悟。因此，书法是自然之美、艺术之美、人格之美的高度融合。《兰亭序》不仅是中国书法经典的象征，更是思逸神超、忧世离俗的君子之风的象征。

图2-13　2018年第六届中国书法兰亭奖颁奖典礼

今日,《兰亭序》仍以其自身的风雅与魅力,潜移默化地影响着中国人的艺术气质与精神生活。

活动探究

1.《兰亭序》有什么艺术特色?

2. 通过对《兰亭序》故事的了解,说说你对东晋的了解。

五、《步辇图》——汉藏情谊的历史见证

文成公主是唐太宗堂兄任城王李道宗的女儿。她聪慧美丽，知书达理，自幼受家庭熏陶，学习文化，并信仰佛教。641年，文成公主奉唐太宗李世民之命远嫁西藏，在她所带的嫁妆中，有《步辇图》这样一件稀世珍宝。

功同六籍

唐代著名艺术理论家张彦远在《历代名画记》中开宗明义："夫画者，成教化，助人伦，穷神变，测幽微，与六籍同功，四时并运，发于天然，非由述作。"这句话的意思是："作画，可以起到教育、感化人的作用，帮助人们维护人伦纲常，能探究鬼神仙佛变化之道，推究细微玄奥的天命启示，看到事情细微的变化。这跟佛家六经的功能是一样的，随四季而一起循环运行。"他突出强调了绘画的社会文化功能，特别是对人们进行道德教育的意义，而《步辇图》恰恰是这一思想指导下所创作的艺术典范。

唐代阎立本绘制的《步辇图》是中华民族艺术宝库中十分珍贵的作品之一，距今已有1300多年的历史。这位驰誉古今的画家用活生生的艺术形象，记载了初唐时期汉藏民族友好团结的重大历史事件，将唐太宗"自古皆贵中华，贱夷狄，朕独爱之如一"的治国方略体现在画作之中。

和同一家

现藏于北京故宫博物院的《步辇图》是最早反映汉藏民族团结和睦的历史画卷，它真实地记录了唐朝文成公主和吐蕃赞普松赞干布联姻的佳话。《步辇图》展示的正是唐太宗于贞观十五年(641)接见松赞干布使者禄东赞的场景。

图2-14 步辇图

李世民是唐朝的第二位皇帝，即唐太宗。他在位期间任用贤能，知人善用；广开言路，虚心纳谏；并采取了以农为本，完善科举制度等政策，使得社会出现了安定的局面。因其年号为“贞观”(627—649)，故史称“贞观之治”。

图2-15 唐太宗像

在处理民族事务方面，唐太宗采取开明的民族政策，对于依附于唐朝的各族，一般不改变其生活方式，尊重其习俗，还通过“和亲”进一步发展民族关系。唐太宗因此得到各族人民的爱戴，被尊奉为“天可汗”。

图2-16 松赞干布塑像

松赞干布是吐蕃第三十二世赞普，他平定叛乱，开创了统一的吐蕃王朝。在唐文化的影响下，松赞干布对吐蕃的政治、军事、经济、文化等进行了改革，促进了吐蕃社会开始由奴隶社会向封建社会的过渡。可以说，松赞干布是吐蕃历史上一位颇有作为的赞普。

艺术鉴赏

《步辇图》所画的是禄东赞朝见唐太宗时的场景。图卷右半是在宫女簇拥下坐在步辇中的唐太宗，左侧三人前为典礼官，中为禄东赞，后为通译者。唐太宗的形象是全图的焦点。阎立本煞费苦心地进行生动细致的刻画，画中的唐太宗面目俊朗，目光深邃，神情庄重，充分展露出一代明君的风范与威仪。阎立本为了更好地实现出太宗的至尊风度，巧妙地运用对比手法进行衬托表现。一是以宫女们的娇小、稚嫩，以她们或执扇或抬辇，或侧或正，或趋或行的体态来映衬唐太宗的壮硕、深沉与凝定，是为反衬；二是以禄东赞的诚挚谦恭、持重有礼来衬托唐太宗的端肃平和、蔼然可亲之态，是为正衬。该图不设背景，结构上自右向左，由紧密而渐趋疏朗、重点突出，节奏鲜明。

文成公主和亲的消息传到吐蕃以后，吐蕃人在很多地方都准备了马匹、牦牛、食物和饮水；松赞干布更是亲率欢迎队伍由拉萨出发，直奔青海迎接。松赞干布高兴地说："我今天能娶大唐公主，实在荣幸。我要为公主建造一座城，作为纪念，让子孙万代都要与大唐永远和睦。"他按照唐朝的建筑风格，在拉萨修建了城郭和宫室，就是现在的布达拉宫。

相关链接

禄东赞

640年，即唐贞观十四年，吐蕃王派大相（相当于宰相）禄东赞向大唐求亲，第二年到达长安。由于当时大唐国泰民安，各民族友好相处，因此，有五个兄弟民族的首领同时遣人向大唐求亲，太宗很是为难。最后，他想出一个平等竞争的办法：请五位求亲代表参加考试，谁赢了，就把公主嫁给谁家的首领。当时太宗命人出了六道难题，吐蕃使臣禄东赞过关斩将，一路领先，最终取得了胜利。这就是历史上著名的"六试婚使"的故事。拉萨的大昭寺和布达拉宫至今仍完好保存着反映这一故事的壁画。当时太宗非常高兴，心想：松赞干布的使臣这样机智、聪明，松赞干布自己肯定更能干。于是，他决定将文成公主嫁予吐蕃王松赞干布。

图2-17　禄东赞像

文成公主入藏时，从汉地带去了大批丝织品和文献典籍，还有许多树木、果蔬的种子，将中原地区的先进文化和生产技术带进了青藏高原，促进了吐蕃政治、经济、文化的发展。

此后，到唐中宗时期，唐朝又将金城公主嫁到吐蕃，吐蕃和唐朝真正"和同为一家”了。在此后的一百多年时间里，双方使节往来频繁，唐蕃关系更趋密切。

图2-18　布达拉宫

图2-19　文成公主像

图2-20　文成公主入藏图

雪域高原步步高

图2-21　藏族人民载歌载舞

1965年西藏自治区成立，此后的数十年时间里，西藏自治区的社会主义制度不断巩固，西藏人民的各项权利真正得到保障。西藏的社会面貌发生了翻天覆地的变化，西藏人民的命运也发生了深刻的改变。这是西藏各族人民团结奋斗的伟大成果，也是中国实行共同团结奋斗、共同繁荣发展的民族政策的生动体现。

岁月悠悠，时光荏苒，《步辇图》无时无刻不在向我们流露着汉藏两族人民的血脉之情。

活动探究

1. 《步辇图》的艺术特点是什么？
2. 结合《步辇图》，简要分析吐蕃要与唐朝和亲的原因。

六、《清明上河图》——北宋社会的"百科全书"

宋代市镇经济与市民阶层的兴起，在中国传统社会生活发展过程中留下了深深印记，也对现代社会生活产生了重要影响。北宋画家张择端的《清明上河图》描绘了北宋都城东京及汴河两岸的风光，展示了当时都市的生活风貌，为后人提供了研究北宋都市不同行业、不同阶层人物以及生活习俗的翔实资料。

中华第一神品

《清明上河图》是北宋画家张择端仅有的存世精品，被视为中国古代风俗画的巅峰之作，作品生动地记录了北宋都城东京的城市面貌和当时社会各阶层人民的生活状况，是汴京繁荣景象的见证，也是北宋城市经济状况的真实写照。

图2-22 《清明上河图》(局部)

在五米多长的《清明上河图》画卷里，人物、牲畜、房屋等事物各有特色，画中所绘内容皆为当时的社会实际。《清明上河图》是我们研究北宋大都市的商业、手工业、民俗、建筑、交通工具等翔实、形象的第一手资料。《清明上河图》丰富的思想内涵、独特的审美视角以及现实主义的表现手法，都使其成为中国乃至世界绘画史上的经典之作，为后世了解和研究北宋的城市社会生活提供了重要的历史资料，因而此画堪称为描绘北宋社会的“百科全书”。

北宋市民生活的写真

北宋后期，张择端绘就《清明上河图》进献给宋徽宗。该作品气势恢宏，纵24.8厘米、横528.7厘米，描绘了汴梁从城郊、汴河到城内街市的繁华景象。

相关链接

东京

东京又称汴京、汴梁，为北宋都城，位于今河南开封。北宋先后共设有东、西、南、北四京，以东京为首都，东京又分为外城、内城、皇城。整个东京，有三道城墙、四条运河、三十三座桥梁、四条御路、四十余座宫殿，其繁荣程度在当时的中国首屈一指。

艺术鉴赏

《清明上河图》为绢本，设色，用手卷形式，采用散点透视构图法。全图内容极其丰富，却繁而不乱、长而不冗，段落清晰，结构严谨。画中人物形态各异，采用兼工带写的手法，线条遒劲、笔法灵动，反映了作者高超的绘画功力。

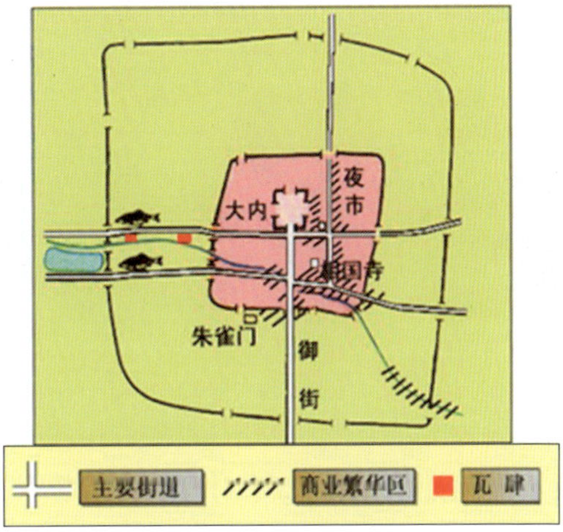

图2–23　东京都市布局图

《清明上河图》全卷所绘人物有八百余位，牲畜五十多只，各种车船二十有余，房屋众多，道具无数。画中的树石之景体现了画家颇为深厚的山水画艺术造诣；同时，作者运用各种不同的人物活动深化了绘画主题，展现了自己对当时社会的深刻认识。

北宋时期，商业和手工业迅速发展，城市商业布局打破了唐朝以来“坊”“市”分立的界限。当时的东京，除贵族外，还聚集了大量商人、手工业者和市民，店铺林立，商业繁荣，出现了娱乐场所——“瓦肆”。《清明上河图》对此进行了全面的展示。

画卷中，忙碌的船工从停泊在河边的粮船上卸下沉重的粮包，纤夫们拖着船逆水行驶，一片繁忙景象映入眼帘。一座宽大的拱桥飞架汴河两岸，其桥无柱，以巨木虚架而成，结构精美，宛如飞虹，被称为“虹桥”。

桥上行人熙熙攘攘。在桥下，一艘准备驶过拱桥的巨大漕船正在放倒桅杆准备过桥，船夫们呼唤叫喊，有的吆喝指挥，有的持竿撑向河底，有的持竿撑住桥身，有的放下桅杆。人们或在桥上呼应相接，或在岸边挥臂助阵，而那些赶脚、推车、挑担的人们，却无暇一顾。这紧张的一幕成了全画的一个高潮。

相关链接

汴河

北宋时期，汴河连接黄河和淮河，既是当时南北交通的要道，也是国家漕运的枢纽。京城的粮食，百分之七八十要经汴河运入，京城百姓平时生活所需的日用百货、朝廷战时的兵源与军用物资运输也主要依赖汴河这一通道。

图2-24 《清明上河图》(局部)

桥头遍布各种杂货店，有的摊位撑着遮阳伞，有的摊位搭着凉棚。放在搁板上或盘子上的东西，好像是食品；放在地上的东西，似乎是工具之类的日常用品。沿河两岸，茶楼酒肆林立，顾客可以一边喝茶、饮酒，一边欣赏河上的风景。

画卷后段描绘的是汴梁城区的街道。据《东京梦华录》记载，城楼两侧茶坊、酒肆、正店、脚店、肉铺、寺观等设施一应俱全。各类店铺经营着罗锦布匹、沉檀香料、香烛纸马，各类物资应有尽有。街上行人摩肩接踵，士农工商、男女老少、各行各业，无所不有。

相关链接

《东京梦华录》

《东京梦华录》是宋代孟元老的笔记体散记文，是一本追述北宋都城东京城市风貌的著作。它为我们描绘了宋徽宗时期居住在东京的上至王公贵族、下及庶民百姓的日常生活情景，是研究北宋都市社会生活、经济文化的一部极其重要的历史文献古籍。

梦回汴京品画卷

位于河南开封的清明上河园，是按照1∶1的比例复原《清明上河图》的大型宋代历史文化主题公园。园区按《清明上河图》的原始布局建设，集中展现宋代茶楼、酒肆、当铺等的格局风貌，汴绣、官瓷、年画的制作场景，游艺、杂耍、盘鼓等民间表演艺术，以及神课算命、博彩、斗鸡、斗狗等千年前东京城繁华的街市风情。

2009年，清明上河园荣膺世界纪录协会“中国第一座以绘画作品为原型的仿古主题公园”的荣誉称号，成为中原大黄河黄金旅游线上的一个重要景区(点)。此外，很多城市也把《清明上河图》的元素融入城市建设与群众生活之中。

《清明上河图》具有深刻的现实意义和深远的历史意义，它凝聚了作者张择端的智慧和心血，其震撼力和感染力超越时代。同时，张择端高超的绘画艺术与取材形式，也给今天的美术创作提供了极为有益的借鉴。

图2–25　开封清明上河园(局部)

活动探究

1. 说说《清明上河图》的艺术特色。
2. 结合《清明上河图》，说说北宋的市民生活有什么特点。

第三章

繁丽华美

恢宏庄重的古代雕塑

雕塑是中国古代艺术的精华，其类型主要分为陵墓雕塑、宗教雕塑、民俗性及其他内容的雕塑。中国古代雕塑无论是在题材内容、形式风格，还是雕塑技法以及所使用的材质上都具有浓郁的民族特色和时代特征。

在历史长河中，中国人民创造了无数的优秀雕塑作品，如粗浑雄壮的秦兵马俑、繁丽华美的东汉铜奔马、气势恢宏的云冈石窟大佛等。它们无不彰显着中华民族的人文格调及无穷的艺术魅力。

一、秦兵马俑——中国雕塑艺术的典范

秦兵马俑，全称为秦始皇陵兵马俑，亦简称为秦俑，是第一批全国重点文物保护单位。被誉为“世界第八大奇迹”。存世的兵马俑多位于今陕西省西安市临潼区秦始皇陵以东1.5千米处的兵马俑坑内。1987年，秦始皇陵及兵马俑坑被联合国教科文组织批准列入《世界遗产名录》，是中国第一批被列入《世界遗产名录》的文物保护单位。

“世界第八大奇迹”

秦兵马俑是可以同埃及金字塔和古希腊雕塑相媲美的人类文化的宝贵财富。它集中展现了2000多年前中国人民巧夺天工的艺术才能，是中华民族的骄傲。它的发现是20世纪中国最重要的考古成就。

毫无疑问，如果不是1974年被当地农民发现，秦兵马俑也许还会在地下沉睡更长时间。2000多年前，秦拥有世界上最强大的军队；2000多年后，秦始皇的地下军团依旧能让见到他们的世人屏住呼吸，肃然起敬。这八千人马在地下度过了八十多万个黎明和黄昏，重见光明之日，他们依旧面朝东方，整装待发。通过他们，我们依稀又看到了那个气吞万里、横扫六合的大秦的背影。

气势磅礴的地下军团

秦始皇陵兵马俑坑总面积约为25380平方米，共有4个坑，分别为一号坑、二号坑、三号坑、四号坑（废坑）。

一号坑是一个长方形的以步兵和战车为主的军阵，由前锋、侧翼、后卫、主力四部分构成。位于俑坑前面的是排列整齐的三列面朝东的武士俑，每排68人，三排共204名武士。他们个个身着战袍，手握弓弩，站在整个军阵的最前面。其后是三路纵队步兵尾随着驷马战车，他们构成兵阵的主力。军阵左、右两侧各有一列面向南、北的弓

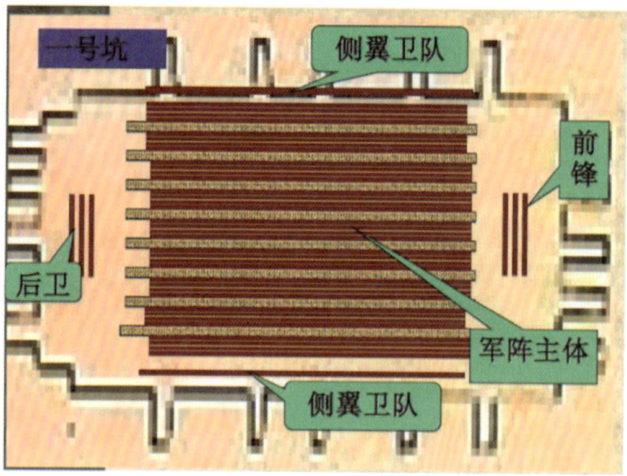

图3-1 一号坑布局图

弩武士，组成左、右侧翼。俑坑的西端，还有一列面朝西方的弓弩武士，他们大概是整个军阵的后卫。从这个组合看，秦兵的军阵，主力由步兵战车构成，多位于中间，步兵四周布满了弓弩射手，以便远距离地防卫或攻击。

一号坑第一次发掘出土的铜兵器有剑、戈、矛、戟、铍、金钩、弩机等约500件，成束的铜镞约300束（一束为一箙，约百支），零散的铜镞约11000件。

艺术鉴赏

秦兵马俑震撼世人之处首推其卓越的艺术成就。几千件魁伟英武的大型陶塑艺术作品，以整体形象排列在约2.5万平方米的空间里，其磅礴的气势几乎使所有不同肤色的参观者都从心灵深处产生强烈震撼，体现出中国人驾驭宏大艺术题材、追求整体气韵和艺术创造的卓越才能。秦俑千人千面、呼之欲出的人物塑造则从形体把握、神韵处理、色彩运用、细部刻画等方面表现出中国人的美学素养和艺术成就。秦兵马俑写实主义的风格不仅给我们留下了一个高超的古代艺术范本，同时也留下了许多关于那个时代的极富价值的历史记录。秦兵马俑以宏大的气势、高超的技巧，将古代写实主义艺术手法推向极致，成为中国古代雕塑史的绝唱。

从身份上来看，秦兵马俑主要分为士兵与军吏两大类，军吏又有低级、中级、高级之分。一般士兵不戴冠，而军吏戴冠，普通军吏的冠与将军的冠又有不同，甚至连铠甲也有区别，士兵则包括步兵、骑兵、车兵三类。根据实战需要，不同兵种的武士其装备也各不相同。

跪射俑身穿交领右衽齐膝长衣，外披黑色铠甲，胫着护腿，足蹬方口齐头翘尖履。跪射俑造型的特征是：上体笔直挺立，下部右膝、右足尖及左足抵地，三个支点呈等腰三角形支撑着上体，重心在下，增强了稳定感。甲片随着身体的扭转而动，衣纹伴着体态的变化而曲转。

图3-2　跪射俑

相关链接

◎冠饰·发饰·服饰

秦兵马俑的冠饰、发式有许多种，人物的手势也各不相同，面部的表情更是差异万千。从他们的装束、神情和手势就可以判断出是官还是兵，是步兵还是骑兵。总体而言，所有的秦俑面容中都流露出秦人独有的威严与从容，具有鲜明的个性色彩和强烈的时代特征。

图3-3　兵马俑面部

1980年，在陕西临潼秦始皇陵封土西侧20米处的一个陪葬坑里，出土了两乘大型陪葬铜车马，一前一后排列，经复原，其大小约为真人真马的二分之一。铜马为白色，通体彩绘，彩绘所用颜料均为用胶调和的矿物颜料，匠人们利用胶的浓度变化为铜马塑造出立体线条。马车伞盖的厚度仅0.1—0.4厘米，而面积分别为1.12平方米和2.3平方米，整体用浑铸法一次铸出，要铸成这么大而薄、均匀呈穹隆形的铜件，即使在今天，也非易事。完全仿实物精心制作的铜车马，真实地再现了秦始皇帝车驾的风采。

图3-4　铜车马

图3-5　铜车马的衡

中国色彩　重新表达

秦陵兵马俑为我们研究秦朝政治、经济、军事制度、文化艺术及科学技术等领域的真实情况提供了极为重要的实物资料。一尊尊神态各异的兵马俑整齐排列,威仪俨然,仿佛仍在守护着大秦。然而,这些两千多年前的“中国色彩”,在秦兵马俑被发掘后却只维持了短短几分钟,有些甚至只有15秒。须臾之间,颜料纷纷脱水、起翘、剥落。为了弥补兵马俑一遇空气即迅速褪色的遗憾,从20世纪八九十年代开始,中外科学家开展了长达数十年的合作研究,有了令人意外的发现。他们首次在兵马俑的彩绘中发现了人工合成的“中国蓝”和“中国紫”等颜料,从而将中国制成和使用人工合成颜料的历史向前推了许多年。

秦始皇陵是一座文化内涵丰富的地下王国,气势恢宏的兵马俑只是其中的一部分。我们要感谢这个时代,因为它让更多的人看到了兵马俑,让更多的人被古老灿烂的中华文明所感动。

活动探究

1. 秦兵马俑的艺术特点是什么?
2. 结合秦兵马俑,分析秦朝兴亡的原因。

二、东汉铜奔马——中国旅游标志

东汉铜奔马(又称马踏飞燕)是东汉艺术家的经典之作,代表了东汉时期雕塑艺术的最高成就,是中国古代雕塑艺术的稀世珍宝。东汉艺术家巧妙地选用闪电般的刹那,淋漓尽致地表现出一匹凌云飞驰、骁勇矫健的天马的形象,从中折射出汉代奋发向上、豪迈进取的时代精神。1983年10月,马踏飞燕被国家旅游局确定为中国旅游标志。

中国雕塑艺术的极顶之作

铜奔马,又称“马踏飞燕”“马超龙雀”等,为东汉时期的青铜雕塑。20世纪中叶,铜奔马意外地被发现于古丝绸之路上的历史文化名城——武威。铜奔马,以其独特的艺术造型和奇妙的构思而引人瞩目,成为世界造型艺术皇冠上一颗璀璨的明珠。张林岚《一张文集·卷六》:“飞马超越龙雀的艺术意境和雕塑表现的浓郁民族风格,富有浪漫主义色彩。此马出土,‘一洗天下凡马空’,先秦以来的马俑为之黯然失色,画家亦为之搁笔。”

图3-6　铜奔马

1969年,东汉铜奔马出土于东汉时期镇守张掖的军事长官张江及其妻的合葬墓中,现藏于甘肃省博物馆。铜奔马身高34.5厘米,体长45厘米,宽13厘米,自出土以来一直被视为中国古代青铜铸造业的象征。

凌空万里翔云霄

图3-7 仪仗队

考古工作者们在张江的墓中发掘的同室珍宝共计231件，其中有三方铸有“将军”字样的银印，并有一组雄伟壮观的仪仗队雕塑，包括马三十八匹，牛一头，车十四辆，手执矛、戟、钺等兵器的武士俑十七件，各式立座奴俾牵马俑二十九件，共计九十九件青铜器物。仪仗队列最前面的是一件处于飞奔中的“马”——它昂首嘶鸣、扬尾御风，三足腾空、一足踏于一只正展翅翱翔的飞鸟之上，气势惊人；而其足下的飞鸟回首惊视，正可衬托出奔马的快速。

艺术鉴赏

图3-8 东汉铜奔马

东汉铜奔马的造型雄骏非凡，因为由青铜制成，也称“青铜奔马”。而青铜奔马也是人们对这具铜马俑最早的称呼。

这件约两千年前制成的铜奔马造型生动、铸造精美、比例准确，四肢动势符合马的动作习性，令中外的许多考古学家和艺术家叹为观止。铜奔马昂首嘶鸣、举足腾跃、一只蹄踏在一只飞翔的燕子身上的艺术构思充满着丰富的想象力。这种浪漫主义的手法不仅烘托了骏马风驰电掣的身形，也展现了其矫健的英姿；既传递出力的感觉，又有着动的节奏。

东汉铜奔马可谓是中国青铜艺术的一朵奇葩。

唐代诗人李白《天马歌》中的“回头笑紫燕”一句，与铜奔马的设计构思不谋而合。铜奔马体现出的浓厚的浪漫主义气息，也曾使得一代诗人郭沫若深深折服，现场泼墨挥毫，写下了“四海盛赞铜奔马，人人争说金缕衣”的豪迈诗句。后来，铜奔马赴世界各地巡回展览掀起了一场轰动世界的“文物外交”。铜奔马在美、英、法、日、意等国家展出期间，观者如潮，被誉为“绝世珍宝”“天才的中国马”，名扬世界。

事实上，如果我们按古代《相马经》中所述良马的标准来衡量，铜奔马几乎无一处不合良马的判断标准，故有人认为它不仅是杰出的艺术品，还是上佳的相马法式。

相关链接

马生，足堕地，无毛，行千里。尿举一脚，行千里。阑筋竖者，千里。马膝如团曲，千里。马一岁、上下齿二十，四岁、齿黄，三十三岁、齿白。马头为王，欲得方。目为丞相，欲得明。脊为将军，欲得强。腹为城廓，欲得张。四下为令。头欲长。眼欲得高眶，眼睛欲得如悬铃、紫艳光，眼下悬蚕、悬凿欲得成。鼻孔欲得大，鼻头欲得有王、火字。口中欲得赤。膝骨欲得圆而张。耳欲得相近而竖，小而厚。伏龙骨欲得成。颈欲得长。双跌欲得大而突。蹄欲得厚。腹下欲得平，有八字。尾欲得高而垂。

——《相马经》

东汉铜奔马的铸造工艺在史学界一直存在争议。一说它采用了雕砂模铸造法，也就是在两块砂模上雕刻出两个面后合在一起再浇铸铜液，冷却后打磨掉两片砂模留下的接缝处的痕迹。另一说认为它采用了失蜡铸造法，即先用石蜡雕刻出成品的样子，放入湿砂成型模，然后浇铸铜液，由于铜液温度很高，质量又大，注入的时候会直接把石蜡融化而流出模体。

天马行空　逸兴遄飞

任何文学、艺术作品的诞生都有其深厚的社会经济和文化基础，它们来源于生活，却高于生活。铜奔马的产生也不例外，它的出现与丝绸之路的“凿空”、繁荣和西北多“天马”及河西走廊养马业的兴盛是分不开的。

清华大学教授李学勤认为：“武威的这件铜奔马是一件特殊的青铜器，它不是一个实用的器物，也不是专为陪葬而制作的一件随葬品。它所表现的这种形象是‘天马’，也就是我们所熟知的‘汗血马’，它是从汉朝开始开辟、途经西域、通向欧洲的‘丝绸之路’上的一种特有的马种。”

图3-9 中国旅游标志

随着丝绸之路的开通，中原和西域的经济、文化和先进技术在河西走廊的张掖、武威交汇，促进了当地经济、文化和技术的发展，出现了能够创作东汉铜奔马这样精美器物的具有高超艺术造诣的艺术家。从这点来说，东汉铜奔马的出现也折射出了东汉时期丝绸之路频繁的文明交流和河西走廊的繁荣昌盛。

1983年，东汉铜奔马被国家旅游局定为中国旅游标志。专家称其“天马行空，逸兴遄飞，无所羁缚”，象征着奋进，象征着中国数千年光辉灿烂的旅游文化历史；同时，它也展现了文明古国的崭新形象。

活动探究

1. 从美学欣赏的角度，说说东汉铜奔马的艺术价值。
2. 对东汉铜奔马进行研究有什么意义？

三、云冈石窟大佛——融汇中外的佛教艺术

云冈石窟位于山西省大同市。云冈石窟大佛(俗称云冈大佛)是第五窟三世佛的中央坐像,高达13.7米。云冈石窟大佛在发扬中国传统雕刻艺术的基础上,汲取、融汇了印度犍陀罗艺术及波斯艺术的精华,它既是中国古代劳动人民智慧的结晶,也是古代中国与其他国家友好往来的历史见证。

佛教传播的历史见证

图3-10　云冈石窟

云冈石窟大佛位于山西省大同市,开凿于北魏前期,是云冈石窟北魏佛教艺术早期风格的代表性作品。云冈石窟是北魏国家政权参与修建的一座石窟寺。从北魏道武帝在大同建立政权,直至孝文帝迁都洛阳,北魏官员和富人在云冈修建了很多石窟。这些石窟里除了有雕刻的佛像,还有供奉者自己的刻像,供奉者藉此表达自己对于神佛的敬畏之心。北魏时期,佛教的传播也并不是一帆风顺的。北魏统治者曾经采取过"灭佛"的政策,但此后的统治者又开始信奉佛教,因此佛教才得以传播下去,而云冈石窟则是这段历史的见证者。

398年,北魏统治者大兴佛教,在京城建立大量佛寺及僧人居所,建立了僧官制度,对僧人进行管理,并与西域诸佛教国家

相关链接

昙曜

北魏僧人,幼年出家,在凉州(今甘肃武威)学佛。后凉州归魏,他随之到首都平城(今属山西大同),受太子拓跋晃礼遇。文成帝即位,他被任命为沙门统,弘兴佛教,开凿云冈石窟。

频繁交往。后来，由于佛教的势力在北魏发展过快，对北魏统治造成很大的威胁，统治者实行了“灭佛”政策——赶僧尼、烧经书，当时北魏的寺庙几乎无一幸免。直至452年，文成帝即位，下诏恢复佛法，命昙曜在京城西边的武州山修建了最早的昙曜五窟，拉开了云冈石窟大规模开凿的序幕。

北魏政权“帝佛合一”的缩影

云冈石窟大佛为释迦坐佛，主佛至今保存完好，因为石窟部分塌毁，主佛直接敞露在外面，因而造型气势恢宏，蔚为壮观。大佛周围还刻有站立的佛像，佛像身后有火焰背光，火焰背光内有坐佛及飞天等雕像，充分展现了北魏佛像雕塑的宏伟气势。

图3-11　云冈石窟大佛

艺术鉴赏

云冈石窟大佛气宇轩昂，充满活力，将鲜卑人粗犷与豪放、宽宏与睿智的精神表现得淋漓尽致，给人以心灵的震撼。云冈石窟大佛高肉髻，头部素面，面相丰圆，大目高鼻、双耳垂肩，唇上蓄八字须，嘴角微微上翘，宽肩，双手放在腹前系禅定印。内着僧祇支，络腋边缘镶饰联珠、忍冬纹带；外着半袒右肩式袈裟，衣褶为凸起双棱，分叉末端，呈燕尾形叉状褶，其褶纹图案抽象化、程序化，体现了北魏“灭佛”前后佛教造像艺术的继承关系。大佛腿部及左臂衣纹较多地保留了中亚犍陀罗艺术的成分。

随着佛教势力的扩张，佛教文化通过“丝绸之路”，经中亚由西向东逐渐传播到中国内地。5世纪前期，北魏灭北凉（都城在今甘肃武威），统一了北方地区，凉州佛教便传入北魏都城平城（今山西大同）。平城作为北方地区政治、经济、文化和佛教的中心，聚集了全国的物力、财力和能工巧匠，为石窟寺的开凿提供了条件。北魏统治者有意识地利用佛教巩固和维护皇权统治，而北魏佛教也主动接近世俗的北魏政权，这些均为云冈石窟的开凿奠定了基础。为了迎合统治者的心理需求，建造者在设计云冈石窟的各类造型时，采用了“帝佛合一”的设计理念。

宝贵的世界文化遗产

云冈石窟代表了中国5至6世纪佛教石窟艺术的成就，于2001年被联合国教科文组织列入《世界文化遗产名录》，它与敦煌莫高窟、洛阳龙门石窟和甘肃天水麦积山石窟并称为中国四大石窟艺术宝库。目前，云冈石窟已成为大同市重要的旅游景点，为当地旅游业的发展奠定了良好的基础。在北魏时期云冈石窟是作为宗教场所存在的，它代表的是北魏时期人们的智慧和艺术水平。而如今，云冈石窟已成为大同的代名词，更是以“中国雕塑之都”作为城市名片。云冈石窟的艺术价值正日益凸显，受多元文化融合影响而产生的云冈石窟已经成为一种文化象征。

图3-12　大同旅游宣传图

“心系云外天，一坐多少年。历史风云收眼底，看尽人间变幻。天地如磐心如磐，浮云悠悠远，苍天一片蓝。”云冈石窟大佛祥和地屹立于风雨中一千多年，成为守护千年石窟的标志。

活动探究

1. 云冈石窟如何成为佛教传播的见证者？
2. 云冈石窟大佛如今具有怎样的社会价值？

第四章

自成系统

独树一帜的古代建筑工程

建筑工程不仅仅是一种技术科学，还是一种立体的艺术。

从浙江河姆渡遗址发掘的干栏式建筑看，这种建筑已有约七千年的历史；修建在崇山峻岭之上，蜿蜒万里的长城，是中国古代的军事防御工程，亦是人类建筑史上的奇迹；被誉为“万园之园”的圆明园，是中国皇家园林的精华，见证了一个王朝最后的辉煌。这一系列技术高超、艺术精湛、风格独特的建筑，在世界建筑史上自成系统、独树一帜，是我国古代灿烂文化的重要组成部分。

古代建筑工程是一种可供人观赏的艺术，给人以美的享受。同时，它又如一部部石刻的史书，能让我们重温祖国的历史文化，激发我们的爱国热情，增强民族自信心。

一、河姆渡干栏式建筑——中华建筑文化的缘起

河姆渡遗址是中国南方新石器时代早期遗址的代表，于1973年开始发掘，是中国已发现的最早的新石器时代文化遗址之一。通过对河姆渡遗址的两次发掘，考古工作者发现了大量干栏式建筑遗址。特别是在第四文化层底部，干栏式建筑分布面积最大、数量最多，蔚为壮观。

中国民居建筑特色

图4-1　干栏式建筑遗址

以定居为基础的新石器时代是我国古代建筑艺术的萌发阶段。河姆渡居民的房屋建筑形式与中原地区和长江中游地区发现的史前房屋有明显的不同，据考证，河姆渡房屋建筑为干栏式建筑遗迹，是我国目前所发现的最早的干栏式建筑的实物遗存。河姆渡干栏式建筑既可防潮，又可抵御野兽侵袭，成为我国南方传统木构建筑的祖源。干栏式建筑与北京的“四合院”、陕西的“窑洞”、客家“围龙屋”和云南的“一颗印”合称为我国最具乡土风情的五大传统住宅建筑形式，被中外建筑学界称为中国民居建筑的五大特色。

水乡建筑的杰作

当原始人类摆脱原始的狩猎与采集，进入有序的农业生产后，因劳动需要定居、民族人口的繁衍等因素，有血缘关系的人们会聚居在一起，形成一种特定群体的普遍

图4-2 河姆渡人建造的干栏式房屋(雕像)

生活模式。而河姆渡干栏式建筑正是在这一阶段形成和发展,并与南方自然环境相适应的建筑文化。

南方地区气候炎热,雨水充足,湿度较大,林木资源丰富。干栏式建筑长脊短檐式的屋顶和高出地面的底架是其独特之处。由于它底层架空,在建造时就可以减少处理地面工程的工作量,只需对地面的野草焚烧后便可以在其上建造房屋。干栏式建筑独特的建造方式不仅满足了抗洪、防潮的实际需要,也解决了夏季高温环境下通风、隔热的问题。抬高地板在适应南方特殊地区的生活方式的同时,也可以利用下部的空间放置杂物和饲养牲畜。干栏式建筑之所以能成为我国独特的建筑瑰宝,不仅是因为它与当地的自然环境相适宜,更多的还是因为它体现了古人善择其址、因地制宜的聪明才干,渗透了儒道两家推崇的“天人合一”的哲学思想。

艺术鉴赏

河姆渡人在建筑房屋上部的空间时,用柱和梁做成构架,来承托树木枝干结成的方格网状檩架的屋面,然后铺设茅草或树皮,完成屋顶的防雨遮阳工程。这种以梁柱为主的构架结构技术是建筑技术发展史上的一项重大发明,奠定了传统木构古建筑的基础。

图4-3 干栏式建筑复原图

建造庞大的干栏式建筑远比同时期黄河流域居民建造半地穴式建筑要复杂,数量巨大的木材需要专人计算后进行分类加工,建筑时需要有人现场指挥,否则房屋的牢固性难以保证。这些建筑技术的发明,说明河姆渡人已具有接近现代人的智商。

相关链接

榫卯技术的应用

在河姆渡遗址干栏式建筑的考古发现中，最有影响的是出土的上百件带榫卯的木构件。从形式上看，主要有柱头及柱脚榫、梁头榫、带销钉孔榫、燕尾榫、平身柱卯眼、转角柱卯眼、直棂栏杆卯眼等。平身柱卯眼即中柱上的卯眼，转角柱卯眼即檐柱上的卯眼，与梁配合使用，使中柱与檐柱、中柱与中柱、檐柱与檐柱紧密连接，从而构成十分稳固的屋架，使地板铺设得到可靠保障。河姆渡遗址出土的地板长约100厘米，板厚6厘米，因此地梁之上还需要铺设一道地栿才能搁置地板。

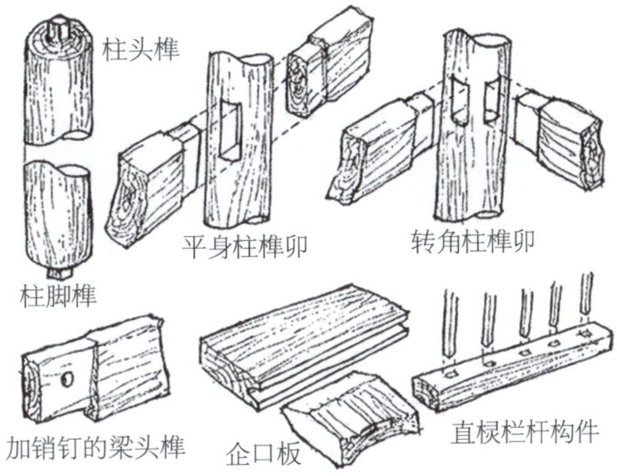

图4-4　河姆渡遗址木构件榫卯示意图

如果用绑扎方式来固定地梁与屋柱的节点，那过不了多久，楼板就会坍塌；只有榫卯发明以后，特别是带销钉孔榫应用以后，加强了梁柱之间的连接，凌空的干栏式建筑才能稳稳立住。可以说，没有榫卯木作技术支撑就不会有河姆渡干栏式建筑。

万丈高楼平地起

图4-5　干栏式建筑(现代)

《韩非子·五蠹》记载："上古之世，人民少而禽兽众，人民不胜禽兽虫蛇。有圣人作，构木为巢，以避群害，而民悦之，使王天下，号之曰有巢氏。"从原始巢居开始至今，河姆渡干栏式建筑风格不断发展演变，并在历代民居中得以传承。我国著名古建筑专家杨鸿勋先生指出，河姆渡干栏式建筑促成了穿斗式结构的出现，并直接启示了楼阁的发明——提高地板（居住面），并利用了下部空间，最终导致阁楼与二层楼房的形成。“万丈高楼平地起”，河姆渡的干栏式建筑在中外建筑史上留下了浓墨重彩的一笔。

而今，我们仍然能在各地看到干栏式建筑，河姆渡干栏式建筑作为一种长久、成熟的居住形态，以其独特的魅力长期影响着我国居住建筑文化。

活动探究

1. 干栏式建筑有什么特色？反映了怎样的自然环境特点？
2. 结合干栏式建筑的特点，探究新石器时代原始先民的生产力发展水平及生活特征。

二、明长城——世界奇迹

雄伟壮观的明长城是人类建筑史上罕见的军事防御工程，是中华民族的骄傲与象征，凝结着中华儿女的血汗和智慧，以其悠久的历史、浩大的工程、雄伟的气魄著称于世，和埃及的金字塔、印度的泰姬陵、伊斯坦布尔的圣索非亚教堂等建筑一起被誉为“世界建筑奇迹”。

完美的防御体系

明长城是明朝在北部地区修筑的军事防御工程，亦称边墙。明代是长城修筑史上的极盛时期，历数各个朝代，明代修筑长城的时间最长、规模最大、质量最高、建筑最为精美。长城高大雄伟，是中国北部东西向的坚固防线。明长城东起鸭绿江，连接秦长城，西至嘉峪关，绵延六千多千米，气势宏伟。明长城并不只是一道简单的城墙，而是由城墙、敌台、关城、墩堡、卫所、烽火台等多种防御工事组成的一个完整的防御工程体系。

图4-6　嘉峪关附近的敌台

图4-7　山海关附近的敌台

长城城墙是长城筑城体系的主体工程，城墙高、厚、坚固，它翻山越岭，穿沙漠、过草原，宛如一条巨龙，把成百座雄关、隘口，成千上万座敌台连成一线。从苍茫的西北戈壁至浩瀚的东部海滨，长城涉大河巨川，穿崇山峻岭，跨危崖绝谷，过荒漠草原，腾挪跌宕,气象万千。

敌台,即城墙上用于防御敌人的楼台,亦称墩台、墙台、马面,是城墙向外凸出墙体且用以三面防敌的建筑,是在城墙全线防御的基础上构筑的重点防御设施。敌台按结构可分为“实心敌台”和“空心敌台”两种。敌台的修筑,大大加强了城墙的防御功能。烽火台则是明长城防御工程中最为重要的组成部分之一,它的作用是传递军情。

历经700多年的长城

在中国数千年的历史中,很少出现非常坚固的城墙,而且大部分城墙都在战火中毁之一炬,但明长城历经700余年仍固若金汤,屹立不倒。明代为防御元朝残余势力和鞑靼、瓦剌的进攻,在隋长城的基础上进行大规模修筑,形成了我们今天所见的长城。在明朝的近300年的统治中,历代皇帝几乎都没有停止过对长城的修筑。明代长城的修建过程,大体可以分为以下三个阶段:

明前期(1368—1447):主要对明以前修筑的长城进行修缮。明朝开国之初,国势强盛,北部边防线在今大兴安岭、阴山、贺兰山以西及以北一带。明前期主要在北魏、北齐、隋的基础上修筑长城,“峻垣深壕,烽堠相接”。明中叶(1448—1566):对长城进行长期的大规模兴筑。“土木之变”以后,瓦剌、鞑靼不断兴兵犯边,更迫使明朝把修筑北方长城、增建墩堡作为当务之急。明后期(1567—1620):隆庆、万历之际,边患主要为东北的女真族(满族)。万历初年,辽东镇总兵李成梁奉命拓边,建宽奠、孤山六堡,继而重修辽东边墙,自绵州迤东抵三岔河,又自三岔河直抵旧辽阳。

艺术鉴赏

长城的这种阳刚之美,或称为雄壮美、崇高美,主要来源于它外部巨大的体积所形成的磅礴气势。长城以它的奇伟、雄险和绵延万里的雄姿,征服了无数的瞻仰者。荷马史诗《伊利亚特》所描绘的特洛伊城的发现者,现代著名考古学家希里曼第一次看到中国的长城时,曾发出这样的赞叹:“我曾经从爪哇岛火山的高峰上,从加利福尼亚的西拉利瓦达的山顶上,从喜马拉雅山的山顶上,还是从南美洲的哥地来的高原上见到过的宏伟壮伟的景象,都永远不能和我现在眼前展开的这一幅美丽奇伟的画幅相比拟，我惊讶着，震动着”，“它对于我就像洪水以前巨人族的神话式的创造”，长城的壮丽奇伟“超过我想象中的一百倍”。

相关链接

山海关——“天下第一关”

山海关，又称榆关、渝关、临闾关，位于河北省秦皇岛市东北15千米处，是明长城的东北关隘之一，素有中国长城“三大奇观之一”（另为镇北台、嘉峪关）和“天下第一关”“边郡之咽喉，京师之保障”之称，与万里之外的嘉峪关遥相呼应，闻名天下。山海关城周长约4千米，与长城相连，以城为关，城高14米，厚7米，有四座主要城门及多种防御性建筑。

图4-8　山海关城楼

一堂面向全民的公开课

图4-9　明长城遗址

长期以来，由于沿线生态环境的不断恶化，再加上人为的毁损，长城的破损情况非常严重。目前明长城的基本状况是：只有三分之一得到修复和保护，另有三分之一残破不全，剩下的三分之一已不复存在。明长城保留有较好墙体的部分不到全长的20%，有明显墙体遗址的部分不到全长的30%；长城墙体和遗址总量不足2500千米。此外，西北地区碱化的土地对夯土长城也构成极大威胁，碱性的浸透造成靠近地面部分的城墙出现逐层剥落的现象，在墙基遭到严重破坏之后，墙体便会大面

图4-10 被破坏的长城墙体

积倒塌。

但是，相比于自然界的吞噬，人类对长城的破坏似乎更加赤裸残忍，触目惊心。某段时间，有专家在考察过程中曾亲眼所见长城的惨状：在河北，长城城砖被老百姓一块块地搬回家盖房和垫猪圈；在山西，某村村干部为给自己承包的砖瓦厂运土方，竟然用推土机将长城推开60多米长的豁口……

如今，国家已经越来越重视长城的保护工作。许多长城沿线的省级行政区纷纷将长城保护经费纳入省（区、市）本级预算并设立长城保护基金，召开长城保护工作会议，在相关单位设置长城保护管理机构，切实加强对长城的保护。

透过文物读取历史，透过历史撷取文明，我们要保护长城，还要深入挖掘其文化内涵。我们不要让长城成为一面冰冷的墙，而要让每个参与其中的人，都能获得一份自豪感。长城的保护是一堂面向全民、树立文化自信的公开课。国家文物局曾在北京等地组织面向青少年的长城公开课，普及长城保护知识。现在，越来越多的社会力量正积极投入长城的保护工作中。

活动探究

1. 说说明长城的基本建筑结构及功能、价值，尤其是美学价值。
2. 我们应该怎样保护明长城？

三、圆明园——大国兴衰的诉说者

宏大的地域规模、杰出的营造技艺、精美的建筑景群、丰富的文化收藏和博大精深的民族文化内涵，使圆明园享誉于世。它不仅是中国皇家园林的精华，更是造园艺术的典范。法国作家维克多·雨果称圆明园为“理想与艺术的典范”。它见证了一个王朝最后的辉煌。

万园之园

法国作家雨果曾说：“即使把我国所有博物馆的全部宝物加在一起，也不能同这个规模宏大而富丽堂皇的东方博物馆相媲美。”那么，这座惊艳世界的万园之园——圆明园，到底是如何修建的？自康熙至乾隆年间，清王朝统治者倾全国物力，承中国千年优秀造园传统，汲欧式园林精华，聚无数精工巧匠，填湖堆山，种植奇花异木，筑成圆明园。圆明园内有名胜约40处，有仿照杭州西湖的平湖秋月，还有仿照古代诗人、画家的诗情画意建造的蓬莱瑶台、武陵春色等。圆明园中的大型建筑物约有145处，其中包括许多金碧辉煌的宫殿，玲珑剔透的楼阁亭台。不仅如此，园内还珍藏了极为珍贵的历史典籍和文物，如历代书画、金银珠宝、宋元瓷器等，堪称人类文化的宝库之一。也可以这样说，它是当时世界上最大的博物馆。清王朝

图4-11　大水法(复原)

图4-12　金瓯永固杯

在其兴盛时期不断营造圆明园，圆明园也见证了清王朝盛世下的落日余晖。

繁华缩影

圆明园是一座清代大型皇家宫苑，坐落于北京西北郊，由圆明园、长春园和万春园组成，所以也称圆明三园。此外还有许多小园，分布在东、西、南三面，众星拱月般环绕周围。此园诞生在康熙年间，成长于雍正时期，于乾隆盛世达到极盛。乾隆皇帝在位60年，对圆明园岁岁营构，日日修华，浚水移石，费银千万。道光年间，国势日衰，财力不足，道光皇帝宁撤万寿、香山、玉泉"三山"的陈设，罢热河避暑与木兰狩猎的活动，但仍不放弃对圆明三园的改建和装饰。经历代清帝修建，圆明园园林面积达5000余亩，有150余处风景，陆上建筑面积比故宫还多1万多平方米，水域面积大体相当于颐和园的总面积。

艺术鉴赏

圆明园内的"园中之园"数量很多。大部分小园都能利用叠山理水所构成的局部地貌与建筑的院落空间穿插嵌合而求得变化多样的形式。小园之间有曲折的水系道路相连通，而对景、泄景、透景、障景的安排也构成一种无形的联系。

图4-13　圆明园(局部)

通过这些有形和无形的安排，这种多样化的园景"动观"效果，较之单一园林空间的步移景异，其艺术感染力又别具一格。此外，园内不少建筑深受统治阶级意识形态和宗教文化的影响，如鸿慈永祜，宫为九间，正脊重檐歇山，以黄色琉璃瓦覆顶；方壶胜境内佛像千座，建筑前部底座以汉白玉砌成"山"字形，伸入水中。每当清晨薄雾初起，该建筑在烟雾中时隐时现，宛如琼阁瑶台一般。

圆明园的园林造景多以水为主题，因水成趣，以断续的山丘、曲折的水面及亭台、曲廊、洲岛、桥堤等建筑将广阔的空间分割成大小百余处山水环抱、意趣各不相同的风景群。圆明园内水随山转，山因水活，构成了山复水转、层层叠叠的园林空间。深入园内，人们随处可见江南名园的胜景。园内的建筑物既汲取了历代宫殿式建筑的优点，又在平面配置、外观造型、群体组合等诸多方面汲取欧式巴洛克建筑的风格，突破了官式规范的束缚，广征博采，形式多样，创造出许多在中国极为罕见的建筑形式，如字轩、眉月轩、田字殿、扇面形等等。真可谓“虽由人做，宛自天开”，其曾经的宏伟壮观是我们用文字与画笔都无法描绘的。

相关链接

海晏堂

海晏堂是圆明园西洋楼最大的宫殿。主建筑正门向西，阶前有大型水池，池左右呈八字形排列着十二生肖人身兽头铜像。每昼夜其依次轮流喷水，各一时辰，正午时十二铜像同时喷水。这些铜像也是此建筑群的精华，以水报时，闻名世界。

图4-14　海晏堂

圆明重光

1860年10月6日，英法联军绕经北京城东北郊，直扑圆明园，面对园内的珍宝，他们进行了疯狂地抢劫和破坏。不少普通官兵靠这次劫掠致富，荣华一生。10月18日，3500名英军冲入圆明园，纵火焚烧，大火三天三夜不灭，多处建筑被烧为废墟，这座举世无双的园林杰作毁于侵略者之手。

1900年，八国联军入侵北京，清帝再次逃亡。在混乱中，圆明园又遭到附近驻军溃兵和匪民的劫掠。经过这次洗劫，这处历经清朝统治者150余年苦心经营的湖山之胜，面目全非。

图4-15　圆明园废墟

如今，在国家的支持下，圆明园部分遗址得到修复。圆明园数字化虚拟复原项目的实施，也向世人再现了圆明园昔日的盛景。历史不可复制，精神却能传承，为增加人们对圆明园历史文化的了解，中国圆明园学会联合北京大学考古文博学院、北京市海淀区圆明园管理处开办了圆明园公益系列讲座。另外，为向国外的游客推广圆明园与中华传统文化，圆明园从2012年起全力打造展览品牌——圆明重光。以圆明园为代表的辉煌而悠久的中华文明再次向世界人民敞开大门。

图4–16　圆明重光文化展

活动探究

1. 为何圆明园被称为造园艺术的典范？
2. 结合圆明园，分析清朝兴衰的原因。

第五章

金声玉振

传奇繁荣的古代音乐戏曲

中国音乐有着悠久的历史。音乐是古代中国知识分子的一门必修课，在古代中国人的日常生活中有着重要的地位。战国早期的曾侯乙编钟，以高超的铸造技术和良好的音乐性能，改写了世界音乐史，被中外专家学者称为“稀世珍宝”。

中国戏曲起源于原始歌舞，是一种历史悠久的综合舞台艺术形式。它的特点是将众多艺术形式以一种标准聚合在一起，在共同具有的性质中体现其各自的特性，是世界三大古老的戏剧文化之一。中国戏曲剧种繁多，其中的昆曲是中国最具代表性的古老的剧种之一，也是中国传统文化艺术中的珍品。

古代音乐戏曲金声玉振、传奇繁荣，凝聚着中国传统文化的思想精髓，闪耀着它独特的艺术光辉，体现了和谐之美。

一、曾侯乙编钟——中国之声

编钟既是我国古代一种重要的青铜打击乐器，也是礼乐重器。在中国古代，尤其是魏晋以前，编钟是上层社会专用的乐器，是等级和权力的象征。1978年，在湖北随县城郊擂鼓墩出土的曾侯乙编钟是我国现存最大、保存最完整的一套大型编钟。曾侯乙编钟的出土，令国内外音乐界、文化界和考古学界为之震撼。它展现出的高超的铸造技术和良好的音乐性能，改写了世界音乐史，它也因此被中外专家学者誉为“中国之声”。

地下乐队的千古绝响

编钟是中国古代的大型打击乐器，它兴起于西周，盛于春秋战国直至秦汉。中国是最早制造和使用编钟的国家。

著名考古学家邹衡先生曾说：“什么能够代表中国？在我看来无外乎两者，一是秦始皇兵马俑，二是曾侯乙编钟。”曾侯乙编钟的出土，使世界考古学界都为之震撼。两千多年前的中国就有如此精美的乐器，如此恢宏的乐队，在世界文化史上也是极为罕见的。曾侯乙编钟的铸成，既反映了中国古代青铜铸造工艺的巨大成就，也证明了我国古代音律科学的高度发达。它是中国古代人民智慧的结晶，也是中国作为文明古国的历史见证。

图5-1　曾侯乙编钟

两千年前的“中国好声音”

曾侯乙编钟共有65件，总质量约为2600千克，钟体遍饰浮雕式蟠虺纹。编钟共分为3层8组：上层共3组19件，为钮钟；中层共3组33件，为甬钟，分短枚、无枚、长枚三式；下层共2组12件，为大型长枚甬钟。另有镈钟1件，据钟面铭文记述，此镈钟乃楚惠王赠送给曾侯的陪葬品。另外还有两件粗大的撞钟棒依架而立，另有6件“T”字形钟槌在编钟架附近，说明这些是和编钟配套使用的工具。

编钟的钟架由长短不同的两面木架垂直相交组成，长面位于墓西，长7.48米，宽3.35米，高2.73米。木架中有6个铜铸佩剑武士俑和8根圆柱承托着7根彩绘木梁，形成上、中、下三层。钟架及挂钩共约有246个。编钟的悬挂方式有三种：上层钟用插挂式，以插销入挥、串钩钟钮；中层钟用钩挂式，挂钩有框架钩和焊钩两种；下层钟用环挂式，挂钩有爬虎套环和双杆套环两种。

图5-2 铜铸佩剑武士

图5-3 钟架

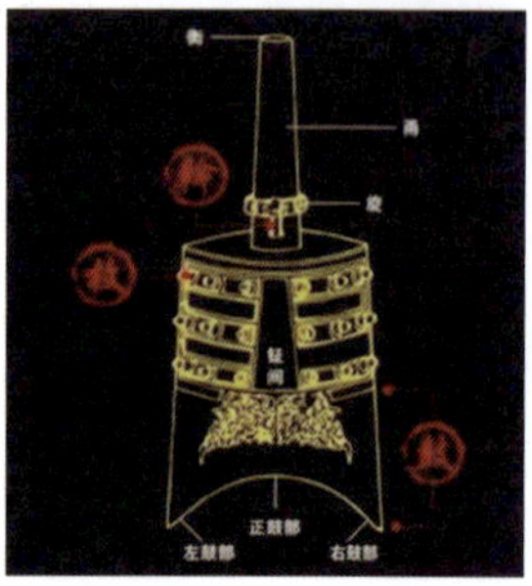

图5-4 曾侯乙编钟的发声结构

曾侯乙编钟的每个钟都有其特有的“一钟双音”，在乐师敲打钟体的正鼓和侧鼓这两个不同的部位时，钟会发出两种不同的音高，每一口钟都可同时敲奏正鼓和侧鼓的大三度或小三度音程，非常有规律。钟唇及鼓位较厚，钟体薄而匀称，容易产生共鸣并减少泛音、杂音。

曾侯乙编钟除楚王赠送的镈钟外，共计64件，可发128个音，其低音甬钟雄浑深沉，中音甬钟圆润优美，高音钮钟清澈透亮，音域宽广，音色组合完美。“一钟双音”又增加了其音律的精度，因此，不管是在制作工艺还是音乐性能方面，它都到达了古代音律水平的最高点。正因为如此，曾侯乙编钟在音乐史学、音乐审美学、乐律学、乐器设计与制造学、冶炼与铸造学以及社会与民俗学等各个领域都具有重要的历史价值。

艺术鉴赏

曾侯乙编钟上通常刻有篆体铭文，钟、架、钩上共有铭文3755字，内容为编号、记事、标音及乐律理论。甬钟刻有记事铭文，均为“曾侯乙乍时”5字，标明编钟为曾侯乙所拥有和享用。上层19件钟的铭文较少，只标示着音名，中下层45件钟上不仅标着音名，还有较长的乐律铭文，详细地记载着该钟的律名、阶名和变化音名等。标音铭文不仅标示了该钟的悬挂位置，亦标明了敲击的部位及其发音的名称。整套编钟有律名28个，阶名66个，构成了十二半音称谓体系。通过这些铭文，可知各诸侯国所用律名并不相同，更可清楚地辨析曾国与楚、晋、齐、申、周等国律名的对应关系。钟铭所载内容，绝大多数未见史籍记载，堪称“一部不朽的中国古代乐律理论典籍”。

图5-5　甬钟与钮钟上的铭文

念念不忘　必有回响

从1978年至2000年，曾侯乙编钟曾三次向世人发出它的千古绝响。第一次是1978年8月1日，沉寂了2400多年的曾侯乙编钟，重新向世人发出了它那浪漫的千古绝响。编钟演奏以《东方红》为开篇，接着是古曲《楚商》、外国名曲《一路平安》、民族歌曲《草原上升起不落的太阳》，最后以《国际歌》的乐曲落幕。第二次是1984年，为庆祝中华人民共和国成立35周年，湖北省博物馆演奏人员被特批随编钟进京，在北京中南海怀仁堂为各国驻华使节演奏了中国古曲《春江花月夜》和创作曲目《楚殇》以及《欢乐颂》等中外名曲。第三次是1997年，在著名音乐人谭盾为庆祝香港回归创作大型交响乐《交响曲1997天·地·人》后，演奏人员再次用编钟进行演奏。

曾侯乙编钟的出土为中国古代音乐史画上了浓重的一笔。它是我国古代音乐史上的一个光辉成就，也为今天古音律和编钟制造的研究提供了珍贵的实物资料。因而，它无愧于“国之瑰宝”的称号。曾侯乙编钟的声音是那样的优雅，又是那样的完美，它所体现出的我们祖先在音乐方面的智慧和才能，都值得我们研究、学习、思考。

活动探究

1. 谈谈曾侯乙编钟的艺术价值。
2. 曾侯乙编钟反映了当时社会的哪些情况？

二、昆曲——百戏之祖

昆曲是中国古老的戏曲声腔剧种，原名“昆山腔”，现又被称为“昆剧”。它是出现于明代的一种新兴戏剧样式。从16世纪晚期开始，昆曲逐渐占据了剧坛的中心位置，成为此后两百多年间最重要的戏剧形式。

流丽悠远　其曲弥高

每个民族都有一种精致高雅的表演艺术，深刻地表现出本民族的精神与心声：希腊有悲剧、意大利有歌剧、俄罗斯有芭蕾、英国有莎翁剧。他们对自己民族的“雅乐”都极为自豪。昆曲是中国人的雅乐之一。

昆曲是明朝中叶至清代中叶的所有戏曲中影响最大的声腔剧种，很多剧种都是在昆曲的基础上发展起来的。昆曲因此被称为“百戏之祖”“中国戏曲之母”。昆曲在2001年被联合国教科文组织列为首批“人类口头和非物质遗产代表作”，正因为如此，中国也成为首次获此殊荣的19个国家之一。

图5-6　《牡丹亭》剧照

如花美眷　似水流年

昆曲早在元末明初之际（14世纪中叶）即产生于今天的江苏昆山一带，它与起源于浙江的海盐腔、余姚腔和江西的弋阳腔并称为明代四大声腔，同属南戏系统。

昆曲是中国戏曲史上具有完整表演体系的剧种，它基础深厚，遗产丰富，是中国传统文化艺术高度发展的成果，在中国文学史、戏曲史、音乐史、舞蹈史上占有重要的地位。昆曲的表演，也有其独特的体系、风格，它最大的特点是抒情性强、动作细腻，歌唱与舞蹈的身段结合得很巧妙。在语言上，该剧种原先分南曲和北曲：南昆以苏州白话为主，北昆以大都韵白和京白为主。

艺术鉴赏

图5-7　昆曲表演

昆曲行腔优美，以缠绵婉转、柔曼悠远见长。在演唱技巧上注重对声音的控制、节奏速度的顿挫疾徐和咬字吐音的讲究，场面伴奏乐曲齐全。昆曲是一种歌、舞、介、白各种表演手段相互配合的综合艺术，在长期的演剧历史中形成了载歌载舞的表演特色，这尤其体现在各门角色的表演身段上。

昆曲唱腔华丽婉转、念白儒雅、表演细腻、舞蹈飘逸，再加上完美的舞台置景，可以说，在戏曲表演的各个方面，昆曲都达到了最高境界。正因如此，许多地方剧种，如晋剧、蒲剧、湘剧、川剧、赣剧、桂剧、越剧、闽剧等，都受到过昆曲艺术多方面的哺育和滋养。昆曲中的许多剧本，如《牡丹亭》《长生殿》《桃花扇》等，都是古代戏曲文学中的不朽之作。昆曲曲文秉承了唐诗、宋词、元曲的文学传统，曲牌则有许多与宋词元曲相同。这为昆曲的发展打下了良好的文化基础，同时也造就了一大批昆曲作家和音乐家，这其中的梁辰鱼、汤显祖、洪升、孔尚任、李玉、李渔、叶崖等都是中国戏曲和文学史上的杰出代表。

相关链接

牡丹亭

《牡丹亭》，又称《还魂记》，是一部在文学史上及剧坛上都极富影响的巨著。作者汤显祖曾说：“一生四梦，得意处惟在牡丹。”剧中的女主角宋朝南安府太守杜宝的女儿丽娘，游园伤春，因梦生情，寻梦不得，为情而死，死后三年，又因情复活，虽然离奇荒诞，却足以说明爱情的感人力量。《牡丹亭》代表了汤显祖戏剧的最高成就。汤显祖的《牡丹亭》是继王实甫的《西厢记》之后又一部具有划时代意义的爱情杰作。汤显祖是中国历史上最伟大的戏剧作家之一，有“千秋词匠”之誉。

疏影幽兰　薪火相传

在当今中国，传统艺术，尤其是戏曲，似乎面临着越来越艰难的处境。随着现代化“短平快”的表演方式的流行和当代人生活节奏的变化，戏曲艺术的传播正面临着极大的困难和挑战。观众群逐渐老龄化，经典剧目的传承举步维艰，年轻观众对昆曲普遍缺乏持久的关注和兴趣。昆曲似乎慢慢地从人们的视听中淡去和消逝，故人已不再，曲意亦已淡，徒留那流水款款，小巷深深。

图5–8　白先勇与《牡丹亭》

兴起于元末明初的昆山、太仓一带的昆曲是中国首个世界非物质文化遗产。若不是著名作家、昆曲“义工”白先勇给这门古老的艺术赋予青春的喜悦和生命，想来今日的昆曲依然会是曲高和寡，甚至有消失于中国戏曲舞台之虞——绝难达到今日青春版《牡丹亭》能在全球巡演十年且场场爆满的鼎盛局面。由苏州昆剧院演出的这场长约2小时45分钟的青春版《牡丹亭》，无疑是一场视觉和听觉的饕餮盛宴。演出结束时，全场掌声如雷，长久不息，演员们则一次又一次地谢幕。四百年前的汤显祖如果地下有知，也会欣慰不已。在这场继承了昆曲表演艺术正宗、正统、正派的格调又富于现代剧场种种概念的华丽演出中，观众品味到了最地道的苏州元素：扮相俊美、身段婉转的杜丽娘让观众见识到了苏州美人的袅娜风流；如“呖呖莺歌溜的圆”的唱腔和优雅的曲调让观众领略到了吴侬软语的委婉缠绵；服装的淡雅色调和刺绣的色彩精艳相得益彰，让观众感受到了苏绣的巧夺天工；《惊梦》中的园林幽会又让观众不由自主地生发对苏州园林的艳羡向往——“不到园林，怎知春色如许？”

虽然青春版《牡丹亭》取得了成功，但是在整个急速求新望变的大环境中，昆曲的生命力仍然脆弱，处处遭遇生存威胁，这也是我们中国传统文化在全球化的浪潮中面临的危机。如何将传统与现代衔接，使得我们有着几千年辉煌历史的文化，在21世纪的舞台上重放光芒，这是我们每个关心中国文化的人不得不深思的一个命题。

活动探究

1. 昆曲有哪些艺术特点？
2. 我们应如何继承和发展昆曲艺术？

第六章 天人合一

举世瞩目的古代科技

中国古代科技涵盖了农学、医学、数学及天文学等领域。中国古代科技在形成了自己独特的风格和体系之后，在唐宋时期达到了高峰，成为科技史上光辉灿烂的一章。

中国独特的医学体系从战国到三国时期形成并得到迅速发展，它尊重自然，重视完善人和自然的关系。在道家“天人合一”思想的指导下，中国最早的养生图谱《导引图》出现了，它形象地反映了秦汉时期人们养生保健的一种医疗体育运动。

唐宋时期，华夏文明向亚洲、欧洲等地输送了许多发明。其中造纸术、印刷术、火药和指南针是中国古代文明的标志性成就，他们深刻地影响了中国和世界文明的进程。

一、《导引图》——中国最早的养生图谱

根据目前的文献记载,“导引”一词最早可追溯到先秦典籍《庄子·刻意》篇:“吹呴呼吸,吐故纳新,熊经鸟申,为寿而已矣。此导引之士,养形之人,彭祖寿考者之所好也。”《导引图》不仅年代早,而且内容也非常丰富,它使古代文献中散失不全的多种导引与健身运动找到了最早的图形资料,为导引的发展、变化研究提供了可贵的线索。

《导引图》的得名

《导引图》帛画出土于马王堆,本无名称。马王堆帛书整理小组按照下述理由对该图进行定名:第一,结合原图32“信”和原图41“熊经”与《庄子·刻意》篇“吹呴呼吸,吐故纳新,熊经鸟申,为寿而已矣。此导引之士,养形之人,彭祖寿考者之所好也”。第二,《隋书·经籍志》记述有《行气图》一卷,《导引图》一卷,但原图已佚。第三,同写在一张帛书上的《却谷食气》与《阴阳十一脉灸经》(乙本)。故马王堆帛书整理小组一致断定该图谱为养生图谱(古人多称养生为“导引”),最后定名为《导引图》。

导气令和引体令柔

相传在上古尧舜时代,人们已经开始使用舞蹈运动来治疗关节活动障碍。到了春秋战国时期,人们通过实践探索,逐渐总结出“导引术”(保健体操)和“吐纳术”(呼吸体操)等导引方法来防治疾病。

1974年湖南长沙马王堆三号汉墓出土的《导引图》是现存最早的一卷记录保健运动的工笔彩色画,距今已有两千两百多年的历史。原

图6-1　《导引图》(复原)

图6-2 《导引图》(复原)局部

帛画长约100厘米，宽约40厘米，是一幅彩绘的导引练功图。帛画共分上下4层，每层各绘11幅小图，共有图像44幅，每图均绘有一个运动姿势的人像，有男有女，有老有少，人像高9—12厘米，旁边还附有简单的文字说明。

《导引图》的动作分类：

第一类，《导引图》仿生导引的动作有：沐猴——引炅中、鹞背、鹤（唳）、龙登、俛蹶、猿呼、堂狼、熊经、龟恨（咽）、（鸟）信（伸）、鹯等。

第二类，在中国古代，“引”有治病之意。《导引图》中的很多动作名称以“引”字开头，说明其以治病为目的。这样的动作包括：引腰痛、引膝痛、引痛目、引胠积、引背痛、引温病、引头风、引痹痛、引腹中、引项、引聋、引烦等。

第三类，《导引图》中可以明显辨析的行气动作有：仰呼、龙息、胎息、燕息等。

第四类，导引图中有关壮力的动作有：踢脚、挽弓、折阴、堂狼、以杖通阴阳、龟恨、捩肩等。

第五类，可以归类于按摩术的《导引图》动作有：捶背、引胠积、坐引八维、引痹痛等。

细究这些动作，很容易让人们联想到现在的运动形式。

一、呼吸运动：《导引图》所描绘的呼吸运动与古代传统练功的“胎盘法”（丹田呼吸法）不完全一样。《导引图》的文字说明中有两处直接提到呼吸，如“印（仰）浑（呼）”与“笑（猿）狰”。在古代，“印浑”是仰身鸣叫的意思，“笼浑”是指猿猴啸叫的声音。《仰呼》是《导引图》第四列第一图，形态是胸部扩张，其目的是加强对心肺功能的锻炼。

图6-3 《导引图》第四列第一图《仰呼》

二、肢体运动：《导引图》中

除极个别的蹲、跪(坐)式外,其余均为立式运动。我国第五套广播体操中的八个小节基本汲取了《导引图》的精华。如上肢运动有"龙登",冲拳运动有"蚂(占)",扩胸运动有"印淬",体侧运动有"螳螂",腹背运动有"满政",跳跃运动有"引颈""坐引八维",以及有图缺文的踢腿运动和体转运动。

三、器械运动:《导引图》中除徒手操外,还有棍杖式运动、折腰式转体运动等器械运动形态。

四、导引与治病的关系:《导引图》的文字说明中直接提到治病的项目共有"烦""痛明""引聋""引温病"等12处,这说明导引不仅对四肢部位的膝痛、消化系统的腹中、五官的耳目治疗有效果,还对某些传染病的治疗有着重要的作用。

小动作　大健康

《导引图》反映了秦汉时期人们的养生保健思想。养生保健是一个永恒的话题。在马王堆汉墓出土的帛书、帛画中,就记载了两千多年前关于足疗推拿、导气的方法。在今天的长沙,市民们传承了古人自我保健的意识,选择用足疗的方式来缓解精神压力。

东汉末年杰出的医学家华佗,非常重视导引疗法。他总结了前人有关导引的理论和实践,把导引术归纳为五种方法,名曰"五禽戏"(虎戏、鹿戏、熊戏、猿戏和鸟戏),较为全面地概括了导引疗法的特点,对后世的医疗和保健起到了推动作用。

图6-4　华佗"五禽戏"

英国科技史专家李约瑟博士认为,现代西方的医疗体操实际上是中国早期的体操传入欧洲后演变而成的,因此认为中国是医疗体操的"发源国"。今天我国体育运动的蓬勃发展与两千多年来民族体育的优秀文化传统是分不开的。

活动探究

1. 查阅资料，说说中国古代有哪些养生典籍？
2. 大家一起来热身，学习《导引图》中的健身方法，并谈谈自己的感受。

二、造纸术——世界文明的助推器

造纸术的发明和改进，是我国对世界文明发展的一项不可磨灭的贡献。自人类创造文字以后，就需要有记载文字的材料，由于当时材料的限制，思想文化的传播十分艰难，而纸的出现则是书写材料的一次革命，它便于携带，取材广泛而不拘泥，推动了人类文化的发展。

追溯纸的源起

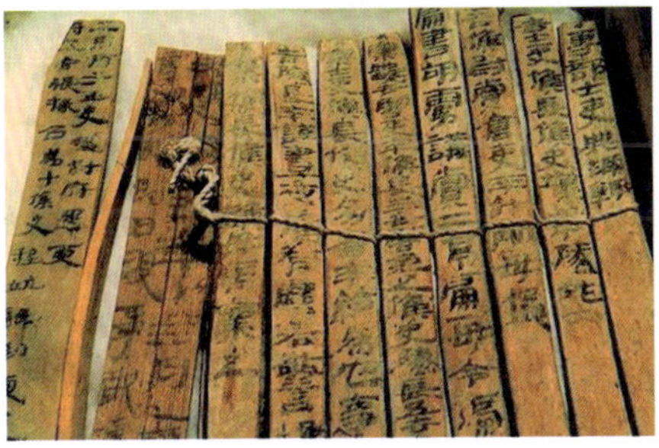
图6-5　居延汉简

在文字出现之前，人们的记事方式比较简单，主要有堆石记事、结绳记事、刻木记事等。在符号文字出现之后，人们记事用的材料，从陶器、甲骨、青铜到石鼓、竹帛等不断演变，其中，竹木简和丝帛是人们发明和大量使用纸以前的主要书写材料。但竹木简太笨重，丝帛则价格昂贵。

我国是世界上最早发明纸的国家，比西方早了一千多年。在西汉前期，我国已经出现了用于绘图和书写的纸。纸的出现，使人们用以记录自身生产和思想的载体容量得到极大限度的扩展，普通百姓才得以和贵族一样共浴文明的洗礼，有知识的人也开始大量出现。人类能够在纸上交流、学习、传播知识是文明进步的象征。纸的出现推动了中国、阿拉伯、欧洲乃至整个世界的文化发展。

相关链接

早期的纸

我国南方和北方的很多地区都出土了汉代的纸。1986年在甘肃天水放马滩汉墓出土的西汉早期的纸，是目前世界上已知的最早的纸，它上面绘有地图。这种纸薄而软，纸面平整光滑，这说明最晚至公元前2世纪，我国的造纸技术就已经达到了较高水平。

图6-6 放马滩纸

图6-7 蔡伦

东汉时，宦官蔡伦总结劳动人民的造纸经验，在105年改进了造纸术。他用树皮、破布、麻头和旧渔网作为造纸材料。蔡伦的技术改进，使造纸原料极易得到，且价格十分便宜，大大提高了纸张的质量和产量，让纸的使用逐渐普遍起来。

《后汉书》记载："天下咸称蔡侯纸。"4世纪后，纸取代简帛成为主要的书写材料。如果把众多劳动人民分散的发明比作光线，那么蔡伦对造纸术的改进就是光线集合的焦点。中国造纸术将这一点汇成强烈的光束，照亮了文化和社会发展的道路。

细数纸的工艺

中国传统造纸术的核心秘密是：选择纤维强度合适的植物，经过一系列工序将它们打成浆，然后用细竹子编成的竹帘在纸槽里捞出薄薄的一层，或者将纸浆浇在帘子上。人们把这种由传统手工方式制作的纸叫作手工纸。

艺术鉴赏

蔡侯纸制作流程：

1. 原料的分离：用沤浸或蒸煮的方法让原料在碱液中脱胶，并分散成纤维状。

2. 打浆：用切割和捶捣的方法切断纤维，并使纤维帚化为纸浆。

3. 抄造：把纸浆渗水制成浆液，然后用捞纸器（篾席）捞浆，使纸浆在捞纸器上交织成薄片状的湿纸。

4. 干燥：把湿纸晒干或晾干，揭下就成为纸张。

纸张制造的技术工艺在后代又发生了很大的变化，使用细帘抄纸，在造纸过程中加矾、加胶、涂粉、洒金、染色等加工技术相继问世，这些为生产各种各样的工艺用纸奠定了技术基础。到宋元时期，造纸术已有了巨大进步，达到成熟阶段。到明清时期，造纸术进入集大成阶段。然而，在19世纪后期，随着西方机器造纸技术与机制纸的传入，中国传统造纸术面临着巨大的挑战。

相关链接

宣纸

宣纸，原产于安徽省泾县，因为泾县古代归宣州管辖，故称宣纸。宣纸是中国人专门用于书法和绘画的纸，特别适合用毛笔蘸墨汁书写。据说在宋元时期，宣纸由当地曹氏家族发明，由青檀树皮和沙田稻草混合制成，并历代相沿，成为中国水墨艺术最具特色的载体。2009年，宣纸被联合国教科文组织列入《人类非物质文化遗产名录》。

讲述纸的故事

造纸是一项功在千秋的文化事业。因此，中国的造纸技艺开始流行后，纸就被广泛地应用于各种文化活动中，使中国人的生活变得五彩缤纷。可以说，传承千百年的纸文化，是中华民族优秀文化的一个缩影。

图6-8　剪纸、年画

中国纸文化历史悠久，在没有玻璃的时候，古代中国老百姓想到了在窗户上糊纸的方法来挡风避尘。同时，向往美好生活的人们还会用手工纸剪出各种窗花，绘成各种年画，制作纸扇、纸伞。由此，也衍生出了许多有趣的关于纸的成语、俗语和故事。

图6-9　纸扇、纸伞

4世纪，中国的造纸术开始走向世界，先后传到了东亚和东南亚国家。7世纪时，阿拉伯人在怛罗斯之战大胜后接触到纸和造纸工匠。阿拉伯人在惊叹之余，决定将纸作为主要书写材料。从此，造纸术迅速扩展到中亚、西亚以及欧洲，一个持续近两千年的“有纸时代”的文化世界逐渐成形。

而今，随着“无纸时代”的来临，纸的用途和造纸的经济收入都大大减少。然而，全世界的人都不会忘记，中国人发明的造纸术曾经引领全世界走进辉煌的“有纸时代”。

相关链接

成语故事

◎洛阳纸贵　晋代的著名文人左思写了一篇《三都赋》，由于写得非常精彩，当时首都洛阳的富贵人家争相买纸传抄，以至于洛阳的纸价都上涨了。

◎纸上谈兵　战国时期，赵国名将赵奢的儿子赵括兵法学得很好，谈起军事理论来连父亲也难不倒他，然而他只知道根据兵书办事，不知道灵活变通。后来，“纸上谈兵”就用来比喻空谈理论，不能解决实际问题。

活动探究

1. 你还知道关于纸的哪些典故？
2. 说说蔡伦改进造纸术的历史意义。

三、雕版印刷术——凝固的记忆

雕版印刷术是一种具有突出价值的人类非物质文化遗产。它凝聚了中国造纸术、制墨术、雕刻术、摹拓术等几种优秀的传统工艺，是中华民族独特的文化工艺。

现代印刷的源头

历史上常常会出现这样的情况：一项科技发明，只要社会迫切需要它，同时又有产生它的物质条件，那么，它就会很快出现。如果说自上古以来数千年的文化发展，为印刷术的发明创造了规范的文字、雕刻技术、物质材料、加工技术及图文转印术等必不可少的物质条件，那么到了唐朝，国家统一、政治开明、文化繁荣的社会氛围及人们对书籍的大量需求就为印刷术的产生提供了良好的社会条件。

目前所见最早的雕版印刷实物，是在敦煌发现的印刷于公元868年的《金刚经》，其印制工艺十分精良。唐穆宗长庆四年(824)，元稹为白居易的《长庆集》作序道："生童马走之口无不道，至于缮写模勒，炫卖于市井。""模勒"就是模刻，"炫卖"就是叫卖，说明

相关链接

金刚经

内容是释迦牟尼佛在祇园精舍向长老须菩提说法的故事。卷末刻印有"咸通九年四月十五日王玠为二亲敬造普施"题字。经卷首尾完整，图文浑朴凝重，刻画精美，文字古拙遒劲，刀法纯熟，墨色均匀，印刷清晰，是中国早期印刷品存世的实物中唯一一份留有明确、完整的刻印年代的印品。

图6-10　《金刚经》刻本(局部)

当时白居易的诗歌，除了手抄本之外，已有印本流传。这充分表明了在唐朝中后期时，雕版印刷的使用已相当普遍。五代时期，不仅民间盛行刻书，政府也大规模刻印儒家书籍。到了宋代，虽然毕昇发明了活字印刷术，但是人们普遍使用的仍然是雕版印刷术。元、明、清三代从事刻书的不仅有各级官府，还有书院、书坊和私人。所刻书籍遍及经、史、子、集四部。

小木版　大乾坤

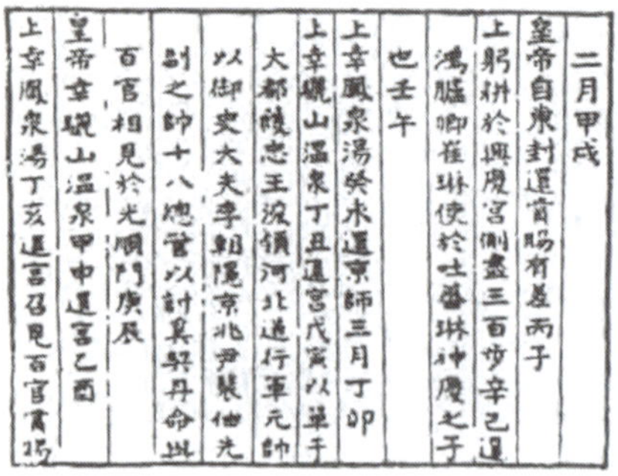
二月甲戌
皇帝自東封還賞賜有差丙子
上躬耕於興慶宮側盡三百步辛巳還
鴻臚卿崔琳使於吐蕃琳神慶之子
也壬午
上幸鳳泉湯癸未還京師三月丁卯
上幸驪山溫泉丁丑還宮戊寅以單于
大都護忠王浚領河北道行軍元帥
以御史大夫李朝隱京兆尹裴伷先
副之帥十八總管以討奚契丹命與
百官相見於光順門庚辰
皇帝幸驪山溫泉甲申還宮乙酉
上幸鳳泉湯丁亥還宮召見百官賞巧

图6–11　《开元杂报》(部分)

由于雕版印刷术能够显著地提高图文复制的速度和质量，所以，在唐玄宗在位期间，人们印制出了世界上最早的报纸——《开元杂报》。同时，雕版印刷术发明后很快便向大唐的东方邻国传播。13世纪起，雕版印刷术沿着丝绸之路向西方传播，经波斯、埃及传播到了欧洲。作为一种民族的文化遗产，它不仅是中国的，也是世界的。

中国古代的文字雕刻技术由来已久。商代的甲骨文就是先写字然后雕刻而成的。青铜器铭文，在浇铸前需要刻制字范，这种字范多是凸起的反体字，说明当时已有高超的文字雕刻技艺。有的铭文由单个字范拼组而成，这对后来的泥活字技术发明有一定的启发作用。随着纸、墨的出现，大约在3世纪的晋代(265—420)，印章也开始流行起来。在4世纪的东晋时期，石碑拓印得到了发展，雕版印刷把印章和拓印结合起来，再把印章扩大成一个版面，蘸好墨，仿照拓印的方式，把纸铺到版上印刷，即为雕版印刷的雏形。南北朝时期，反体石刻和凸体石刻出现，同时在木板上，工匠们可雕刻一百多字。以上这些技术，与印版的雕刻更为接近。

图6–12　雕版印刷工具

大约在600年前后的隋朝，人们从印章雕刻中得到启发，发明了人类历史上最早的雕版印刷术。

艺术鉴赏

图6–13　刻版技艺

雕版印刷的过程大致是这样的：将书稿的写样写好后，使有字的一面贴在板上，即可刻字，刻工用不同形式的刻刀将木板上的反体字墨迹刻成凸起的阳文，同时将木板上其余空白部分剔除，使之凹陷。版面所刻出的字约凸出版面1—2毫米。用热水冲洗雕好的板，洗去木屑等，刻版过程就完成了。印刷时，用圆柱形平底刷蘸墨汁，均匀刷于版面上，再把纸覆盖在版面上，用刷子轻轻刷纸，纸上便印出文字或图画的正像。将纸从印版上揭起，阴干，印制过程就完成了。一个印工一天可印1500—2000张纸，一块印版可连印万次。

雕版印刷开始只有单色印刷，五代时有人在插图墨印轮廓线内用笔添上不同的颜色，以增强视觉效果。现在的天津杨柳青版画仍然采用这种方法进行生产。工匠们将几种不同的色料，上在同一块板上的不同部位，一次印于纸上，印出彩色印张，这种方法被称为单版复色印刷法。宋代曾用这种方法印过交子（当时发行的纸币）。单版复色印刷的局限，是色料容易混杂渗透，而且色块界限分明，显得呆板。人们在实际探索中，发现了分板着色、分次印刷的方法，这就是用大小相同的几块印刷板分别载上不同的色料，再分次印于同一张纸上，这种方法被称为多版复色印刷，又称套版印刷。多版复色印刷在明代获得较大的发展。明清两代，南京和北京是雕版印刷的中心；嘉靖以后，到16世纪中叶，南京成为彩色套印

图6–14　明代刻本《观音菩萨闲佛身》书影

的中心。

非遗传承 活力再现

近年来，非物质文化遗产受到人们越来越多的重视。6月9日是我国“文化和自然遗产日”，在2018年遗产日当天，故宫博物院挑选了传拓和雕版印刷两项技艺，向预约前来的数十名中小学生开授了非遗技艺体验课程。在雕版印刷体验课中，15个小学生家庭以亲子活动的形式参与课程，共同了解雕版印刷的历史，并动手印制木板图画，感受雕版印刷的独特魅力。

图6-15 雕版印刷体验课

雕版印刷术为后来的活字印刷术开创了技术先河，是世界现代印刷术的最古老的技术源头。它的发明为文化传播和文明交流提供了最便捷的条件，对人类文明的发展有着突出的贡献。

活动探究

1. 雕版印刷术有哪些优点和缺点？
2. 雕版印刷术对现代印刷术有什么影响？

后 记

本书是王楚阳名师工作室依据教育部《义务教育历史与社会课程标准(2011年版)》和《义务教育美术课程标准(2011年版)》编写的拓展性课程教材。本书呈现了“基于美术元素的历史与社会项目式学习探索”的课题研究成果,凝聚了参与课题研究的专家、学者以及一线教师的集体智慧。在此,特别感谢牛学文、杨斌、王如彬、胡辉、章正形、高凌、徐乃赛、周辉兵等专家为本书的编写提出的宝贵意见,感谢台州市椒江区教育局为本书编写与出版提供的指导和帮助,感谢台州市各兄弟学校特别是椒江区各初中的大力支持,还要感谢所有对本书的编写、出版提供过帮助与支持的同仁和社会各界朋友。

本书出版之前,我们通过多种渠道与书中选用图片的作者进行了联系,得到了他们的大力支持与认可。对此,我们表示衷心的感谢!但仍有部分图片的拍摄者未能取得联系,恳请入选图片的拍摄者与我们联系,以便支付稿酬。

我们也真诚地希望广大教师、学生、家长及中华文化爱好者在使用本书的过程中提出宝贵意见,并将这些意见和建议及时反馈给我们。

联系方式:wcymsgzs@126.com

本书编委会

2019年5月

图书在版编目（CIP）数据

与历史相遇　与国宝相逢 / 王楚阳主编. -- 杭州 : 浙江教育出版社, 2019.6
ISBN 978-7-5536-9044-5

Ⅰ. ①与… Ⅱ. ①王… Ⅲ. ①艺术—鉴赏—初中—教材 Ⅳ. ①G634.955.1

中国版本图书馆CIP数据核字(2019)第104618号

与历史相遇　与国宝相逢

YU LISHI XIANGYU YU GUOBAO XIANGFENG

王楚阳　主编

出版发行　浙江教育出版社
（杭州市天目山路40号　邮编:310013）
项目策划　何黎峰
责任编辑　陈之江
文字编辑　金舒楠
美术编辑　曾国兴
封面设计　艺诚文化
责任校对　池　清
责任印务　陆　江
图文制作　杭州兴邦电子印务有限公司
印刷装订　台州日报印务有限公司
开　　本　787mm×1092mm　1/16
印　　张　7
字　　数　140 000
版　　次　2019年6月第1版
印　　次　2019年6月第1次印刷
标准书号　ISBN 978-7-5536-9044-5
定　　价　33.00元

如发现印装质量问题,影响阅读,请与印刷厂联系调换。
联系电话:13806587685